V/2733
ZCS.1.

26989

CUISINE NATURELLE,
POUR 30 CENTIMES.

L'art d'apprêter d'une manière simple, économique et facile, toute espèce de Mets, Viandes, Légumes, Poissons, Pâtisseries, Conserves, Fruits, Boissons.

Cinq cents Recettes rédigées et classées dans l'ordre alphabétique ; suivies de la Cuisine des malades et des convalescens, par A. B. de Périgord.

Paris.

GALLET, ÉDITEUR-LIBRAIRE, 86, BOULEVART DU TEMPLE, 86 ;
MARCHANT, boulevart Saint-Martin, 12,
ET CHEZ TOUS LES ÉPICIERS.

CINQ CENTS RECETTES
DE CUISINE.

A

ABATIS DE DINDON. (*Entrée*.) Faites revenir vos abatis avec une pincée de farine; mouillez de bouillon. Ajoutez épices, bouquet garni, navets, petit-lard, pommes de terre. Laissez mijoter pendant trois heures sur un feu doux.

ABRICOTS (BEIGNETS D'). (*Entremets.*) Ouvrez des fruits peu mûrs, marinez dans l'eau-de-vie avec sucre et zestes de citron. Égouttez, passez dans la pâte à frire. (*Voyez* PATE.)

ABRICOTS (MARMELADE D'). (*Office.*) Une demi-livre de sucre par livre de fruits pelurés. Trois quarts d'heure de cuisson en remuant sans cesse. Ajoutez la moitié des amandes épluchées.

AGNEAU (QUARTIER D'). (*Rôt.*) Piquez, panez à l'intérieur, embrochez avec enveloppe de papier beurré. Retirez mi-cuit, panez de nouveau; ajoutez sel et persil haché. Remettez en broche à feu vif. Un filet de vinaigre en dressant.

ALBRAN (CANARD SAUVAGE). (*Rôt.*) Il se mange toujours à la broche. Trois quarts d'heure de cuisson.

ALOSE A L'OSEILLE. (*Entrée*.) Faites mariner avec huile, épices, thym, laurier. Faites griller en arrosant avec le restant de la marinade. Servez sur une farce d'oseille.

ALOSE AU BLEU. (*Rôt.*) Faites cuire au bleu (*voyez ce mot*). Servez avec une mayonnaise (*voyez* MAYONNAISE), ou simplement à l'huile.

ALOUETTES A LA BROCHE. (*Rôt.*) Bardez de lard, enfilez dans une brochette, faites cuire à un feu vif. — Il faut vingt minutes.

ALOUETTES A LA MINUTE. (*Entrée*.) Mettez à la casserole, vidées et troussées, avec beurre et sel. Faites prendre couleur, ajoutez champignons, échalotes, persil haché, une pincée de farine, vin blanc ou bouillon; retirez aussitôt qu'il commence à bouillir.

ALOYAU ROTI. (*Rôt.*) Marinez douze heures avec épices, huile d'olive et vin blanc. Embrochez, arrosez durant la cuisson avec la marinade. Servez avec sauce hachée à part, ou garniture de pommes de terre frites. Cuisson deux heures et demie pour dix livres, une heure et demie pour cinq livres.

AMANDES (GATEAU D'). (*Office.*) Pesez un nombre d'œufs avec leurs coquilles, prenez même poids de farine, même de beurre, même de sucre râpé. Pilez même poids d'amandes douces, ajoutez un peu de zeste de citron. Employez les œufs, blanc et jaune, pilez le tout dans un mortier pour obtenir une pâte. Beurrez le fond d'une tourtière et faites cuire à petit feu dessus et dessous.

AMBIGU. On appelle ainsi un repas à un seul service, qui comprend à-la-fois tout ce qui doit être servi depuis le potage jusqu'au dessert. Les soupers de bal et les déjeûners se servent en *ambigu*.

ANCHOIS. (*Hors-d'œuvre.*) Lavez, enlevez l'arrête. Servez avec œufs et cerfeuil haché.

ANCHOIS (BEURRE D'). Lavez une demi-douzaine d'anchois, pilez-en les chairs, et passez-les sans assaisonnement au tamis de crin. Maniez ensuite avec quantité égale de beurre frais.

ANGÉLIQUE (CREME D'). (*Office.*) Une livre de tiges avant la floraison. Épluchez, coupez par petits morceaux, faites fondre quatre livres de sucre dans deux pintes d'eau, ajoutez six pintes d'eau-de-vie, deux gros de cannelle, douze clous de girofle. Laissez infuser six semaines et filtrez au papier gris avant de mettre en bouteille.

ANGUILLE A LA BROCHE. (*Rôt.*) Coupez par tronçons, après avoir dépouillé, vidé, lavé. Faites mariner avec huile, ognons, bouquet garni et épices. Embrochez après avoir enveloppé de feuilles de vigne et de papier beurré. Arrosez de la marinade. Servez avec sauce à part.

ANGUILLE A LA TARTARE. (*Entrée.*) Apprêtez comme ci-dessus. Ajoutez du beurre à la marinade, placez dans une tourtière ; mouillez de vin blanc et faites cuire le tout sous le four à campagne, en arrosant souvent. Quand l'anguille est cuite, trempez-la dans des œufs battus, panez fortement, faites prendre couleur sur le gril, et servez avec sauce tartare. *Voyez* SAUCE TARTARE.

ANGUILLE EN MATELOTE, — frite, — grillée, — à la poulette. *Voyez ces différents mots.*

ANISETTE. (*Office.*) Deux onces d'anis vert, une once de coriandre, un demi-gros de cannelle, deux clous de girofle. Concassez le tout, et laissez infuser un mois avec deux pintes d'eau-de-vie et deux livres de sucre en poudre. Passez à la chausse avant de mettre en bouteille.

ARGENTERIE. L'argent peut prendre le vert-de-gris ; il faut donc, tous les huit jours, savonner l'argenterie, et la passer ensuite au blanc d'Espagne.

On enlève parfaitement la teinte noire qui altère l'argenterie qui a servi à manger des œufs, en la frottant avec de la suie.

ARTICHAUTS. (*Entremets.*) Faites cuire dans l'eau bouillante avec du sel, après avoir coupé la pointe des feuilles. Il faut retirer le foin avant de servir : sauce blanche à part.

ARTICHAUTS A LA BARIGOULE. (*Entremets.*) Faites cuire dans du bouillon jusqu'à ce que l'on puisse enlever le foin. Otez les feuilles du milieu (le clocher) et le foin. Egouttez. Remplissez ensuite d'une farce de champignons, persil, échalotes, sel, poivre, beurre et huile, pilez ensemble. Achevez ensuite la cuisson sur une tourtière beurrée, en ajoutant un peu de bouillon et de vin blanc. Faites prendre couleur avec le four à campagne, et servez avec une sauce composée comme votre farce, mais un peu plus claire.

ARTICHAUTS FRITS. Coupez par quartiers minces, trempez dans une pâte légère. (*Voyez* PATE.) Servez brûlant et de belle couleur, avec garniture de persil frit.

ASPERGES. (*Entremets.*) Ratissez, lavez, liez par petits botillons que vous déferez pour servir. Faites cuire dans l'eau bouillante avec sel gris. Servez-les croquantes avec sauce blanche.

ASPERGES EN PETITS POIS. (*Entremets.*) Cassez en petits morceaux, faites bouillir dans l'eau. Egouttez et fricassez ensuite avec beurre frais, sel et sucre. Liez de jaunes d'œufs.

AUBERGINES. (*Entremets.*) Ouvrez et retirez toute la chair. Jetez du sel à l'intérieur pour retirer l'eau ; garnissez d'une farce, telle que celle des artichauts à la barigoule ou toute autre suivant le goût, panez de mie de pain, placez dans une tourtière bien beurrée et faites cuire à petit feu.

B

BABA. (*Pâtisserie.*) Un litre de fleur de farine, demi-once de sel, cinq œufs, jaune et blanc, un quarteron et demi de beurre, une pincée de safran en poudre, un quarteron et demi de raisin confit, demi-quarteron de raisin de corinthe, un peu de levure. Maniez le tout avec un peu d'eau tiède. Mettez cette pâte, molle et bien liée, dans une casserole beurrée, et laissez reposer six heures en hiver, deux en été. Quand elle sera gonflée, faites cuire au four comme la brioche.

BAIN-MARIE. Manière de faire cuire toute espèce de substance en plongeant le vase qui la contient dans l'eau bouillante, afin qu'elle n'éprouve pas l'action trop immédiate du feu, qui la ferait brûler ou cuire trop vite.

BARBEAU-BARBILLON. (*Relevé.*) Il faut avoir soin d'ôter à ce poisson les œufs avec les entrailles, parce qu'ils causent de grands maux d'estomac et purgent violemment. Le barbeau se prépare comme la carpe. (*Voyez* CARPE.) On le sert aussi au bleu pour manger à l'huile quand il est d'une belle grosseur, âgé et pris dans une eau limpide.

BARBUE ET TURBOT. (*Relevé et Rôt.*) Videz, lavez, nettoyez l'intérieur. Mettez dans un chaudron l'eau nécessaire à la cuisson, avec sel, laurier, thym, persil, ognons coupés par tranches. Faites bouillir un quart d'heure; placez ensuite votre poisson dans une turbotière et frottez-le de jus de citron du côté blanc. Faites mijoter sans bouillir. Couvrez pendant la cuisson d'un papier beurré, pour empêcher de noircir. Servez, sur une serviette, le ventre en dessus, avec sauce aux câpres.

BARDER. C'est attacher avec de la ficelle des tranches de lard minces, sur le ventre et le dos des volailles que l'on met à la broche.

BÉCASSES-BÉCASSINES. (*Rôt.*) Piquez ou bardez, enveloppez de feuilles de vigne. Faites cuire à feu vif et sans vider: demi-heure si elle est grasse; maigre, un quart d'heure.

BEC-FIGUES. (*Rôt.*) On les barde et on les enfile dans une brochette. Arrosez d'un peu de lard fondu et servez avec filet de vinaigre.

BÉCHAMELLE. (*Sauce.*) Dans une casserole, beurre, ognons en tranche, carottes, persil, champignons. Passez sur le feu. Ajoutez un peu de farine et mouillez avec de la crême : sel, poivre. Tournez jusqu'à ébullition. Laissez mijoter trois quarts d'heure. Passez au tamis et liez avec du beurre ou des jaunes d'œufs.

BÉCHAMELLE GRASSE. (*Sauce.*) Demi-livre de lard haché, une carotte, un navet, deux ognons, graisse de veau ; passez tout au beurre ; ajouter deux cuillerées de farine, mouillez de bouillon, sans laisser prendre couleur. Mettez sel, poivre, girofle, thym, laurier, persil ; après une heure de cuisson, passez et servez avec un filet de vinaigre.

BEIGNETS DE POMMES. Pelez, coupez en rondelles en ôtant le cœur, marinez dans l'eau-de-vie avec sucre et citron ; passez dans la pâte (*voyez* PATE), et faites frire de belle couleur.

BETTERAVES FRICASSÉES. (*Entremets.*) Mettez-les, cuites et coupées en tranches, dans une casserole, avec beurre, persil, ciboules hachées, ail, farine, vinaigre, sel, poivre ; faites bouillir un quart d'heure. On les sert aussi à la sauce blanche.

BICHOFF. (*Office.*) Vin rouge, sucre, oranges amères, cannelle. Dans le bichoff au vin blanc, on remplace l'orange amère par le zeste de citron.

BIFTECK. (*Entrée.*) Faites mariner des tranches de filet de bœuf dans le beurre tiède, sel et poivre ; faites cuire à feu vif et servez saignant avec beurre manié de persil, un filet de verjus ou de citron. Le bifteck se sert aussi garni de pommes de terres frites au beurre, de cresson assaisonné de vinaigre et de sel, de beurre d'écrevisses, de beurre d'anchois ; pour marinade, l'huile assaisonnée d'ognons et épices.

BISCUITS EN CAISSE ET À LA CUILLER. (*Dessert.*) Cinq œufs, une livre un quart de sucre en poudre, trois onces de farine, fleur d'orange pralinée, hachée avec zeste de citron râpé dans le sucre. Battez le tout. Les blancs d'œufs doivent être battus à part, jusqu'à leur plus forte consistance. Mêlez le tout et remplissez rapidement les caisses de papier disposées d'avance. Glacez le dessus en saupoudrant du sucre avec un tamis. Faites cuire au four à une chaleur très douce.

Pour les biscuits à la cuiller, on répand simplement de la pâte avec une cuiller sur des feuilles de papier blanc que l'on enfourne.

BLANCHIR. C'est mettre des légumes ou des fruits dans de l'eau bouillante. On les retire lorsqu'ils ont jeté plusieurs bouillons, et on les jette dans l'eau fraîche.

BLANC-MANGER. (*Entremets.*) Jetez dans l'eau bouillante une demi-livre d'amandes, dont un quart d'amandes amères. Retirez aussitôt et enlevez la peau. Essuyez. Réduisez en pâte dans un mortier, en y mêlant peu à peu une cuillerée d'eau froide. Mêlez ensuite avec deux onces d'eau, passez dans un linge, et ajoutez un quarteron et demi de sucre en poudre. Battez légèrement six blancs d'œufs, versez dessus le lait d'amandes; mettez à un feu doux, et fouettez de manière à former crème.

BLANQUETTE. (*Entrée.*) Elle se fait également avec le veau et la volaille. Dans une casserole, mettez beurre, farine; mouillez avec moitié eau et bouillon; ajoutez lard gras, petits ognons blancs, champignons, thym, laurier. Une heure de cuisson. Jetez dedans le veau ou le poulet coupé en morceaux, faites réchauffer dans votre sauce, liez-la de jaunes d'œufs, et ajoutez un jus de citron.

BLEU OU COURT-BOUILLON. Placez le poisson vidé et lavé dans un plat profond; arrosez de vinaigre rouge bouillant, et recouvrez aussitôt hermétiquement le plat. Quelques secondes après retirez le poisson et mettez-le dans un chaudron ou poissonnière plein d'eau bouillante. Assaisonnez de sel, poivre, laurier, girofle, ognons en tranches, ail. Le poisson cuit, retirez du feu, versez un verre d'eau froide et laissez refroidir. Servez sur une serviette garnie de persil.

BLEU. Court-bouillon au vin. Videz, écaillez et lavez le poisson, placez-le dans la poissonnière. Emplissez-la de bon vin, avec épices, thym, ail, laurier, ognons en rouelles. Ajoutez lard gras ou beurre, ou huile d'olive, si c'est en maigre. La poissonnière ainsi garnie et accrochée à la crémaillère, faites un feu très clair, la flamme prendra bientôt au vin. Laissez réduire aux deux tiers, retirez le poisson, faites-le bien égoutter, et servez froid ou chaud, avec sauce et garniture.

Ce court-bouillon est préférable et conserve le poisson longtemps frais.

BOEUF. Nous ne donnerons pas de recette pour le bœuf bouilli, ou pot-au-feu. Les ménagères à qui s'adresse spécialement ce livre possèdent sur cet article une supériorité que n'oserait leur contester aucun cuisinier.

BOEUF A LA MODE. (*Entrée.*) Faites revenir votre bœuf, piqué de gros lardons, dans une casserole, avec jarrets de veau, beurre, ognon piqué de clous de girofle, mouillez d'eau et de petite quantité de bon vin. Ajoutez au bout d'une heure lard, bouquet garni, pied de veau, carottes, ognons, dépotez à moitié cuit, clarifiez la gelée et dégraissez. Laissez cuire cinq ou six heures et servez soit chaud avec les légumes, soit froid avec la gelée.

BOUDIN. (*Hors-d'œuvre.*) Le noir doit être picoté avec la pointe du couteau et cuit dans la poêle avec du saindoux, ce qui est préférable au gril. Le blanc, entortillé de papier beurré, se met sur le gril à feu doux.

BOUILLON. En une heure. (*Potage.*) Bœuf haché menu, avec un peu de lard, carottes, ognons, très peu d'eau. Faites mijoter pendant un quart d'heure, jetez de l'eau dessus, faites bouillir et passez au tamis.

BOUILLON MAIGRE. Ognons, poireaux, panais, carottes, céleri ; ajoutez beurre, sel, poivre, faites cuire à petit feu, passez et servez avec les légumes.

BOULETTES. (*Entrée.*) Prenez viande quelconque, ajoutez chair à saucisses, hachez très fin avec persil, ciboules, mie de pain, œufs battus. Roulez dans la farine, passez au feu avec beurre et mouillez de bouillon, laissez mijoter une demi-heure.

BOUQUET GARNI. Thym, persil, ail, ciboules et laurier.

BRAISE. Bardes de lard, pied de veau, épices, bouquet garni, ognons, carottes. Mettez sur ce fond la pièce que vous voulez braiser. Ajoutez un verre de vin blanc, un d'eau ou bouillon, un peu d'eau-de-vie. Faites cuire à petit feu pendant quatre ou cinq heures.

BRÈME. (*Voyez* CARPE.)

BRIDER. Passer une ficelle afin de retenir les membres de la volaille.

BRIOCHES. (*Pâtisserie.*) Pétrissez de la farine avec un peu de levure de bière et d'eau chaude. Que votre pâte soit très molle ; laissez-la lever une demi-heure en hiver, point en été. Pétrissez deux tiers en sus de farine avec sel pilé, œufs, beurre, eau tiède. Étendez cette pâte, jetez dessus celle qui est levée, repétrissez le tout ensemble, enveloppez d'une serviette, laissez reposer huit heures. Faites ensuite vos brioches avec cette pâte, que vous mouillerez pour la façonner, et mettez au four.

BROCHET AU BLEU. (*Rôt* ou *Relevé.*) Faites cuire au bleu. Servez froid avec huile et vinaigre.

BROCHET SAUCE AUX CAPRES. (*Entrée.*) Faites cuire dans une poissonnière avec vin blanc et assaisonnement de court-bouillon; évitez que le feu y prenne; ajoutez beurre manié avec un peu de farine; mouillez de deux tiers de court-bouillon et un tiers d'eau. Liez la sauce avec jaunes d'œufs; ajoutez les câpres.

BROU DE NOIX. (*Office.*) Prenez des noix assez peu formées pour qu'une épingle puisse passer au travers; pilez, faites infuser deux mois dans une pinte d'eau-de-vie par vingt noix. Egouttez dans un tamis, sucrez la liqueur d'une demi-livre de sucre par pinte, laissez reposer trois mois encore, et filtrez à la chausse avant de mettre en bouteille.

C

CABILLAUD. (*Entrée.*) Faites cuire au bleu et servez avec huile et vinaigre.

CAFÉ. (*Office.*) Brûlez d'une belle couleur brun alezan. Moulez fin. Pour chaque tasse de café (on dit demi-tasse), mettez une tasse d'eau et du café en poudre plein une cuiller à bouche. Remuez pendant la cuisson et retirez du feu deux ou trois fois pour abattre le bouillon. Retirez du feu, laissez éclaircir pendant une demi-heure, tirez à clair et servez très chaud.

CAILLES A LA BROCHE. (*Rôt.*) Faites cuire comme la bécasse, mais videz auparavant.

CAILLES GRILLÉES. (*Rôt.*) Ouvrez en deux. Faites revenir dans une casserole, avec huile, épices et bardes de lard. Panez ensuite. Faites griller et servez avec le fond de casserole et jus de citron.

CAKE. (*Entremets.*) Faites fondre sur le feu des pommes pelées, avec zeste de citron et cannelle. Passez au tamis et remettez au feu avec un peu de fécule, sucre et beurre. Faites réduire. Quand cette marmelade est froide, mêlez-y des œufs, versez dans un moule beurré. Faites cuire demi-heure au bain-marie.

CANARD A LA BROCHE. (*Rôt.*) On peut le farcir de saucisses ou de marrons; mais les uns et les autres doivent être cuits auparavant. Trois quarts d'heure de cuisson.

CANARD AUX NAVETS. (*Entrée.*) Faites revenir dans un roux. Mouillez d'eau, ajoutez lard et thym. Quand il est à moitié cuit, mettez vos navets; cinq minutes avant de servir, mettez un morceau de sucre et liez la sauce.

CANARD AUX OLIVES. (*Entrée.*) Faites cuire comme aux navets. Dessalez vos olives. Faites-les blanchir et mettez-les avec le canard cinq minutes avant de servir.

CANARD EN SALMIS. *Voyez* SALMIS.

CANARD AUX POIS. (*Entrée.*) Faites cuire comme aux navets. Si le canard est tendre, mettez les pois aussitôt qu'il a pris couleur.

CAPILOTADE DE VOLAILLE. (*Entrée.*) Faites un roux blanc, ajoutez champignons, persil, échalotes hachées. Mouillez de vin blanc et de bouillon. Faites mijoter vos morceaux une demi-heure et dégraissez.

CAPRES. (*Hors-d'œuvre.*) On les fait infuser comme les cornichons. *Voyez* CORNICHONS.

CAPUCINES. *Voyez* CORNICHONS.

CARAMEL. (*Office.*) Dans une casserole non étamée, mettez petite quantité d'eau et de sucre, laissez réduire jusqu'à couleur brune; mouillez alors d'eau. Quand le caramel se détache, versez dans un vase de faïence. Ce caramel sert à donner de la couleur. *Voyez* NOUGAT.

CARDES ET CARDONS. (*Entremets.*) Lavez à l'eau bouillante. Faites cuire à gros bouillons avec jus de citron, bouquet garni, moelle de bœuf, lard gras, ognons, thym et laurier. Servez à la sauce blanche ou au jus.

CARDONS A LA MOELLE. (*Entremets.*) Lavez, parez et faites cuire dans du bouillon; laissez réduire et servez avec croûtons imbibés de moelle de bœuf.

CAROTTES MAITRE D'HOTEL. (*Entremets.*) Faites cuire à gros bouillons, sautez ensuite avec beurre, persil et ciboule hachés.
On les sert aussi à la sauce blanche.

CARPE A LA CHAMBORD. (*Entrée.*) Écaillez, videz, lavez, enlevez la peau et piquez de petit lard. Mettez dans la poissonnière avec une marinade et faites bouillir. Pour servir, dressez avec garniture de quenelles, riz de veau piqués, écrevisses, croûtes, culs d'artichauts; ajoutez un peu de sucre à la sauce et servez-la bien réduite.

CARPE AU VIN. (*Entrée.*) Parez-la; emplissez-lui le corps de beurre manié avec persil, échalotes et épices. Faites-la cuire après l'avoir ficelée dans du vin rouge avec bouillon, beurre, ognons, thym, laurier, girofle. Servez avec la sauce bien réduite et liée avec beurre manié de farine.

CARPE FRITE. (*Rôt.*) Fendez en deux. ôtez la laite ou les œufs, passez dans la farine et faites frire. A mi-cuisson, ajoutez la laite ou les œufs.

CARPE PROVENÇALE. (*Entrée.*) Faites cuire par tronçons dans vin et huile, avec épices, beurre, ail, échalotes, ciboules, champignons, hachés et maniés ensemble.

CARPE EN MATELOTE. *Voyez* MATELOTE.

CARPE GRILLÉE. (*Entrée.*) Faites cuire sur le gril, après avoir écaillé, servez avec farce d'oseille dessous ou sauce aux câpres.

CARRÉ DE MOUTON A LA BOURGEOISE. (*Entrée.*) Faites cuire avec bouillon, vin blanc, bouquet garni et épices. Retirez et faites réduire la sauce, en ajoutant un morceau de beurre manié de farine et de persil haché. Ajoutez filet de vinaigre ou jus de citron.

CARRÉ DE MOUTON AUX LÉGUMES. (*Entrée.*) Désossez, piquez, mettez à la broche et servez sur vos légumes cuits dans le jus.

CARRÉ DE VEAU A LA BOURGEOISE. (*Entrée.*) S'apprête comme le carré de mouton; il faut seulement le larder et garnir le fond de casserole de bandes de lard.

CARRÉ DE VEAU A LA BROCHE. (*Entrée.*) Parez, lardez fin, faites mariner comme un aloyau, pendant trois heures. Mettez à la broche dans un papier qui contiendra tout l'assaisonnement. La cuisson faite, enlevez le papier et mettez tout ce qu'il contient d'assaisonnement dans une casserole avec beurre, une pincée de farine, poivre, sel, filet de vinaigre; faites lier et servez le carré dessus.

CARRELET. (*Entrée.*) *Voyez* TURBOT.

CACIS. (*Office.*) Égrenez et écrasez-le. Mettez dans un bocal avec une pinte d'eau-de-vie par livre de fruit. Ajoutez quelques clous de girofle et cannelle. Après deux mois, tirez la liqueur et pressez les grains. Remettez dans le bocal avec demi-livre de sucre par livre de fruit. Filtrez au papier et mettez en bouteille.

CÉLERI. (*Entremets.*) Faites blanchir, puis faites cuire dans un jus ou consommé, avec ognon piqué d'un clou de girofle. Laissez réduire et liez la sauce avec un roux.

CERISES A L'EAU-DE-VIE. (*Office.*) Prenez de belles cerises, peu mûres, coupez la moitié de la queue. Mettez dans un bocal avec un petit nouet ou sachet contenant un morceau de cannelle et une pincée de coriandre. Ajoutez par livre de fruit un quart de sucre clarifié, remplissez le bocal avec de l'eau-de-vie. Laissez ainsi deux mois et retirez le nouet.

CERVELLE DE BOEUF EN MATELOTE. (*Entrée.*) Faites dégorger, faites blanchir avec eau, sel et vinaigre ; faites un roux, ajoutez des ognons, mouillez de bouillon, faites mijoter avec vin rouge, sel, poivre, laurier et thym. Au moment de servir, liez avec beurre manié de farine.

CERVELLE DE VEAU A LA POULETTE. (*Entrée.*) Faites dégorger et blanchir. Mettez ensemble beurre manié de farine, mouillez d'eau et de vin blanc. Ajoutez ognons blancs, bouquet garni, champignons. Dix minutes de cuisson. Alors vous mettez vos cervelles dans cette sauce, que vous liez avec jaunes d'œufs.

CERVELLES FRITES. (*Entrée ou rôt.*) On les prépare comme les précédentes, on les marine par morceaux avec épices et vinaigre, on les trempe à la pâte et on fait frire.

CERVELLES DE MOUTONS. Elles s'accommodent comme les précédentes.

CHAMPIGNONS (CROUTE AUX). (*Entremets.*) Faites cuire avec beurre, bouquet de persil, une pincée de farine ; mouillez de bouillon, liez avec jaune d'œuf ou crème. Faites frire dans le beurre une croûte et servez les champignons dessus.

CHAMPIGNONS FARCIS. (*Entremets.*) Pressez dans un linge la queue de gros champignons ; hachez-la menu avec échalotes, persil, câpres, huile, sel et poivre. Mettez cette sauce dans vos champignons et faites cuire sous le four de campagne.

Ils se servent aussi grillés et assaisonnés comme les rognons à la brochette.

CHAPON AU GROS SEL. (*Entrée.*) Troussez, flambez, mettez dans une casserole mi-pleine d'eau ou de bouillon. Sel, lard gras, carottes, ognon, thym, laurier et bouquet garni. Lorsqu'il est cuit, dégraissez, faites réduire et liez avec un roux, servez avec gros sel sur l'estomac et tranches de citron.

CHAPON AU RIZ. (*Relevé.*) Comme ci-dessus. Faites cuire le riz dans la moitié de la cuisson et toute la graisse du chapon. Faites la sauce avec le reste.

CHAPON ROTI. (*Rôt.*) Troussez, bardez, arrosez de beurre pendant la cuisson, qui doit durer une heure.

CHARLOTTE DE POMMES. (*Entremets.*) Faites réduire vos pommes en marmelade, sucre et zeste de citron. Garnissez de pâte de l'épaisseur du petit doigt une casserole beurrée. Mettez dedans alternativement un lit de marmelade de pommes et un de marmelade d'abricots; recouvrez le tout d'une feuille de pâte et mettez au four.

CHARLOTTE RUSSE. (*Entremets.*) Vous garnissez votre moule ou casserole de biscuits à la cuiller bien serrés et debout. Versez au milieu une crème ou fromage fouetté; renversez sur le plat et servez.

CHEVREUIL. *Voyez* FILETS et GIGOTS.

CHICORÉE BLANCHE. (*Entremets.*) Faites blanchir, égouttez, hachez, assaisonnez au beurre ou au jus.

CHOCOLAT. (*Office.*) Coupez chaque tasse en trois ou quatre morceaux. Mettez une tasse et demie d'eau bouillante par once de chocolat; faites cuire à grand feu et réduire d'un tiers. Il ne faut remuer que deux ou trois fois durant la cuisson.

CHOUCROUTE. (*Entrée.*) Lavez bien, faites cuire avec graisse de rôti, ajoutez petit salé, saucisson et un peu de vin blanc.

CHOUX A L'ALLEMANDE. (*Entrée.*) Hachez et faites cuire avec beurre et lard. Mouillez de bouillon.

CHOUX AU BLANC. (*Entremets.*) Hachez, passez au beurre après avoir fait blanchir, et mouillez de crème pendant la cuisson.

CHOUX FARCIS. (*Entrée.*) Faites blanchir, ôtez le cœur, hachez-le avec une farce; mettez votre farce dans le chou par lit entre chaque feuille. Ficelez et faites mijoter quatre heures dans un roux. Mouillez de bouillon.

CHOUX DE BRUXELLES. (*Entremets.*) Faites blanchir, puis sautez dans la casserole avec beurre et filet de citron.

CHOUX-FLEURS AU FROMAGE. (*Entremets.*) Nettoyez bien et coupez par gros quartiers; jetez dans l'eau bouillante jusqu'à parfaite cuisson. (Ceci s'applique à tous les assaisonnements.) Râpez dans une sauce blanche du fromage parmesan et gruyère, versez sur les choux, saupoudrez de pareille poudre, puis une couche de beurre et une demie de pain; faites prendre couleur sous le four à campagne. Les *choux-fleurs* se mangent aussi à la sauce blanche, au jus, en salade et frits.

CIVET DE LIÈVRE. (*Entrée.*) Faites revenir petit lard et ognons. Faites revenir votre lièvre mariné et coupé en morceaux. Tournez à part du beurre avec une cuillerée de farine, mouillez de bouillon et de vin, mettez dedans vos ognons, petit lard, bouquet

...rôti, épices, puis le lièvre. Ajoutez le sang au bout d'une heure, liez la sauce et laissez réduire.

COCHON DE LAIT. (*Rôt.*) Garnissez-le d'une farce où entreront le foie et le mou bien lavés, avec sauge hachée, champignons, épices. Embrochez et arrosez d'eau épicée d'abord et d'huile ensuite.

COINGS. (*Office.*) Coupez en quatre des coings bien mûrs; faites cuire à grands bouillons. Retirez, placez sur un tamis et recueillez le jus dans un vase. Mettez une livre de sucre pour livre de jus; faites cuire jusqu'à ce que le sirop forme gelée.

COLLAGE DES VINS. Battez quatre blancs d'œufs avec une demi-bouteille de vin (par pièce de 250). Introduisez par la bonde un bâton fendu et agitez fortement. Versez vos blancs d'œufs avec un entonnoir, battez de nouveau. Remplissez la pièce et bondez-la. On met en bouteille le quatrième jour.

COMPOTE DE POMMES. (*Office.*) Pelez, coupez, faites cuire avec un verre d'eau et jus de citron; servez avec sirop réduit.

COMPOTE DE POIRES AU VIN. (*Office.*) Comme devant. A moitié cuites on les mouille d'un verre de vin rouge. Même procédé pour prunes, abricots, pêches, cerises, etc.

CONCOMBRES. (*Entremets.*) Pelez, videz, faites blanchir et assaisonnez, soit *à la poulette*, soit *à la maître-d'hôtel*, soit *à la Béchamel*.

CONCOMBRES FARCIS. (*Entremets.*) Pelez, coupez par un bout, et évidez avec une cuiller à café. Emplissez de farce et bouchez l'ouverture en fixant le morceau coupé avec quatre clous de girofle; cuisez dans un roux.

CONFITURES DE CERISES. (*Office.*) Otez queues et noyaux. Mettez dans la bassine avec un sixième de jus de groseilles et un douzième de jus de framboises. Une heure de cuisson à grand feu.

CONSOMMÉ. (*Potage.*) Une vieille volaille, bœuf maigre, légumes, bouquet garni. Faites réduire des deux tiers et dégraissez.

CORNICHONS. (*Hors-d'œuvre.*) Mettez vingt-quatre heures dans une forte saumure, après les avoir fortement brossés. Egouttez, versez dessus du vinaigre d'Orléans tout bouillant. Ajoutez estragon, ail, piment et petits oignons.

COTELETTES DE MOUTON. (*Hors-d'œuvre.*) Parez, saupoudrez de sel et poivre, faites cuire à feu vif et servez saignant.

COTELETTES DE MOUTON A LA SOUBISE. (*Entrée.*) Piquez de lard, faites cuire en braise, parez, dressez en couronne avec cordon d'ognons glacés, purée d'ognons blancs et croûtes.

COTELETTES DE MOUTON A LA JARDINIÈRE. (*Entrée.*) Parez, faites cuire avec bouquet, ail, épices, trempez de vin, joignez carottes et filets de jambon. Joignez légumes apprêtés à part.

COTELETTES PANÉES. (*Hors-d'œuvre.*) Parez, passez-les à l'huile, saupoudrez de sel, poivre et girofle. Panez fortement et grillez à feu vif.

COTELETTES DE PORC FRAIS. (*Entrée.*) Faites cuire au gril ou à la poêle et servez avec sauce Robert ou aux cornichons.

COTELETTES DE VEAU. Elles se préparent en général comme celles de mouton.

COTELETTES DE VEAU EN PAPILLOTE. (*Entrée.*) Parez, garnissez d'une farce de fines herbes, épices, champignons hachés, petit lard. Enveloppez de papier huilé et grillez à feu doux.

COULIS VELOUTÉ. Beurrez un fond de casserole. Deux livres débris de veau; deux ognons blancs piqués de deux clous de girofle. Mettez sur un feu doux; mouillez d'une chopine de bouillon. Laissez mijoter six heures, pressez la viande, ôtez-la, passez votre coulis. Au besoin faites réduire.

COULIS MAIGRE. Pois secs, pommes de terre, panais, carottes, céleri, navets, choux, bouquet garni. Faites mijoter six heures; exprimez le jus et passez.

COURT-BOUILLON. *Voyez* BLEU.

CRAPAUDINE. (*Entrée.*) Fendez en deux, aplatissez sans briser les os, frottez d'huile; poivre, sel, persil, ciboule hachés; panez de mie de pain; grillez à petit feu. Pour la sauce : verjus, sel, poivre, échalotes et beurre.

CRABE. *Voyez* HOMARD.

CRÈME A LA FLEUR D'ORANGE. (*Entremets.*) Une demi-livre de sucre, deux pintes de lait, faites bouillir. Retirez, ajoutez douze jaunes et trois blancs d'œufs bien battus; plus, six cuillerées de fleur d'orange. Faites prendre au bain-marie.

CRÈME AU CAFÉ. (*Office.*) On fait bouillir du café en grains brûlé dans la crème, et on procède comme ci-dessus.

CRÈME AU CHOCOLAT. (*Office.*) Comme celle de fleur d'orange;

Le chocolat se met en dernier, tout râpé, et jette trois bouillons seulement.

CRÈME FOUETTÉE. (*Office.*) Battez crème avec une demi-livre de sucre en poudre, un blanc d'œuf battu et une cuillerée de fleur d'orange par pinte, fouettez le tout ; quand le tout forme une masse épaisse, mettez dans un panier garni d'un linge et servez.

CRÊPES. (*Voyez* PÂTE A FRIRE.) Faites fondre à la pêle, gros comme une noisette de beurre ou de saindoux. Versez de la pâte suffisamment pour couvrir le fond très mince ; retournez en donnant couleur.

CROQUETTES DE RIZ. (*Entremets.*) Moitié riz crevé, moitié beurre, sel, épices, persil haché, jaunes d'œufs. Pilez le tout ensemble, pétrissez en boulettes longues, farinez et faites frire.

CROUTE AU POT. (*Potage.*) Mettez dans un bouillon corsé des croûtes de pain grillées ; laissez tarir, détachez ensuite avec du bouillon.

CUISSES D'OIE. (*Hors-d'œuvre.*) Mettez à la broche oies grasses. Une heure de cuisson. Recueillez la graisse. Débrochez, enlevez les cuisses et les ailes, laissez refroidir, placez-les dans la graisse que vous avez recueillie, ajoutez moitié saindoux, faites bouillir dix minutes et placez le tout dans des pots de grès avec sel, poivre et une feuille de laurier.

D

DAUBE. (*Voyez* BRAISE.)

DINDE AUX TRUFFES. (*Rôt.*) Lavez, brossez et pelez vos truffes. Hachez les moins belles, avec une livre de lard. Mettez dans la casserole, avec vos truffes, sel, épices et bouquet garni. Laissez une heure sur un feu doux ; ajoutez quelques filets de volaille pilés. Garnissez du tout votre dinde et laissez-la reposer jusqu'à ce que sa chair soit suffisamment pénétrée du parfum. Embrochez après avoir enveloppé dans un papier huilé. Une heure de cuisson suffit ordinairement.

DINDON ROTI. (*Rôt.*) On peut se servir de toute espèce de viande. Il doit rôtir à feu doux. Une heure et demie suffit pour le plus gros.

E

EAU DE SELTZ. (*Office.*) Emplissez d'eau une bouteille. Versez un gros d'acide tartrique en poudre. Bouchez hermétiquement, laissez fondre cinq minutes et remuez. Introduisez un gros de bicarbonate de soude; rebouchez avec promptitude et solidité. L'eau de seltz artificielle est bonne à boire cinq minutes après et se conserve très bien.

ÉCREVISSES. (*Rôt.*) Faites cuire avec bouquet garni, persil et épices dans du vin blanc.

ÉMINCÉ DE MOUTON. (*Entrée.*) Un roux, cornichons, échalotes hachées, sel, poivre, lard gras. Une heure de cuisson; mettez ensuite vos tranches réchauffer, mouillez de bouillon et laissez réduire.

ENTRE-COTE DE BOEUF. (*Entrée.*) Préparez comme le bifteck, mais servez sur une sauce piquante.

ENTRÉE. Plat plus ou moins solide de viande, volaille, gibier ou poisson, avec sauce.

ÉPAULE DE MOUTON BRAISÉE. (*Entrée.*) Désossez, garnissez l'intérieur d'épices, lard râpé, ail; roulez et ficelez. Faites cuire à petit feu avec ognons, bouquet garni, ail, girofle et lard gras. Servez sur un lit de légumes cuits séparément.

ÉPAULE DE VEAU A LA BOURGEOISE. (*Entrée.*) Cinq heures de cuisson à feu doux, avec beurre, bouquet garni et lard gras. Dégraissez et servez sur un lit de légumes.

ÉPERLANS. (*Rôt.*) Ne les videz pas. Lavez et essuyez bien, farinez et faites frire en brochette à grand feu.

ÉPINARDS (*Entremets.*) Épluchez, faites blanchir, hachez, assaisonnez en gras ou maigre.

ESCALOGUES. Petites tranches minces de volaille ou poisson, ayant la forme d'une pièce de monnaie.

ESCARGOTS. Jetez-les dans de l'eau bouillante avec une poignée de cendre. Un quart d'heure après, retirez-les de leurs coquilles, lavez et nettoyez. Faites jeter un bouillon, égouttez; une poignée de farine, du vin blanc, bouquet garni, épices, champignons; fricassez ensuite au blanc.

ESPAGNOLE-SAUCE. Débris de volailles et gibiers, faites revenir au beurre avec rouelle de veau et champignons, carottes, ognons, épices, bouquet, girofle, laurier. Mouillez de bouillon et de vin blanc. Passez au tamis au bout de deux heures.

ESSENCE DE GIBIER. Se fait de même, mais avec des débris de gibier seulement.

ESTURGEON. (*Voyez* SAUMON.)

ÉTOUFFER. C'est faire cuire dans un vaisseau bien clos pour empêcher l'évaporation.

ÉTUVÉE DE CARPES. (*Entrée.*) Parez, coupez par tronçons; faites bouillir quelques bouillons avec bouquet garni et épices, deux tiers de vin blanc, un tiers d'eau et un morceau de beurre. Retirez du feu. Sautez des petits ognons et des champignons dans du beurre avec poivre, peu de farine, mouillez avec le fond de votre poisson; quand votre ragoût est cuit, liez avec jaunes d'œufs et ajoutez quelques écrevisses.

ÉTUVÉE DE CAILLES. (*Entrée.*) Se fait de même, en cuisant doucement dans un roux.

F

FAISAN ROTI. (*Rôt.*) Piquez de petit lard. Faites rôtir trois quarts d'heure à feu doux.

FARCES. Hachez des viandes quelconques cuites. Ajoutez chair à saucisses, assaisonnez de persil, ciboules, mie de pain, un ou deux œufs battus, passez au feu avec beurre et pincée de farine; mouillez de bouillon. Laissez mijoter une demi-heure.

FEUILLETAGE. (*Pâtisserie.*) Un litre de farine, une demi-once de sel, un blanc d'œuf, un verre d'eau, gros comme un œuf de beurre. Pétrissez à la main. Après un quart d'heure, aplatissez, étendez dessus une demi-livre de beurre, ployez les deux bouts pour renfermer le beurre dedans. Laissez reposer une demi-heure, donnez-lui deux tours au rouleau. Reposez vingt minutes. Donnez deux tours encore et servez-vous-en.

FÈVES A LA BOURGEOISE. (*Entremets.*) Faites blanchir, cuisez avec beurre, persil, ciboule et sarriette. Mouillez de bouillon, une pincée de farine et liez avec jaunes d'œufs.

FILET DE BOEUF A LA BROCHE. (*Relevé.*) Lardez, marinez, rôtissez à grand feu et servez avec sauce hachée.

FILET DE CHEVREUIL. (*Entrée.*) Quatre à cinq heures de marinade. Faites griller à feu vif et servez avec sauce piquante relevée.

FILETS MIGNONS. (*Entrée.*) Parez et piquez des filets de mouton. Servez-les grillés avec une sauce maître-d'hôtel et filet de citron.

FILETS DE SANGLIER. (*Entrée.*) Faites cuire à la casserole avec beurre, persil, ciboules, ail, thym, basilic, sel et poivre. Laissez mijoter en arrosant de bouillon.

FILETS DE SOLE A LA HORLY. (*Rôt.*) Levez les filets, marinez dans jus de citron, sel et poivre; saupoudrez de farine et faites frire. Faites réduire les carcasses et débris en arrosant de vin blanc et bouillon, et servez cette sauce clarifiée sous vos filets.

FILETS DE SOLE AU GRATIN. (*Entrée.*) Préparez le gratin (*voyez* GRATIN) et rangez les filets en buisson.

FILETS DE VEAU A LA PROVENÇALE. (*Entrée.*) Coupez bien mince des filets de veau rôti et froid et faites-les réchauffer dans beurre, chapelure, fines herbes hachées, épices et huile, avec jus de citron et ail.

FOIE DE VEAU A LA BOURGEOISE. (*Entrée.*) Lardez, faites cuire à petit feu avec lard, bouquet, ognons, eau, vin blanc et épices.

FOIE DE VEAU A LA BROCHE. (*Entrée.*) Piquez, marinez dans huile, épices et fines herbes. Embrochez dans du papier et servez sur le résidu de la lèchefrite avec échalotes et fines herbes hachées.

FONCER. C'est mettre dans le fond d'une casserole des bandes de lard, des tranches de veau ou de jambon.

FRAISE DE VEAU EN VINAIGRETTE. (*Hors-d'œuvre.*) Lavez bien, faites cuire à gros bouillons avec épices, vin blanc, ail, lard gras, bouquet. Servez avec l'huilier.

FRAISE DE VEAU FRITE. (*Entremets.*) Cuisez comme pour la vinaigrette, faites frire et servez comme les cervelles.

FRAISES (SUC DE.) (*Office.*) Écrasez, passez au tamis, demi-livre de sucre par livre de fraises, et jus de citron.

FRANGIPANE. (*Pâtisserie.*) Deux ou trois œufs dans une casserole, autant de farine que les œufs en peuvent boire ; délayez, mouillez avec du lait, laissez cuire un quart d'heure en tournant toujours ; assaisonnez de sucre, fleur d'orange, macarons écrasés.

FRICANDEAU. (*Entrée.*) Piquez très fin la noix de veau. Faites cuire doucement avec jarret, lard gras, beurre, carottes, ognons, bouquet et épices. Laissez réduire et servez dans son jus ou garni de légumes.

FRICANDEAU DE SAUMON. (*Entrée.*) Coupez par dalles, piquez menu et faites cuire comme ci-dessus. On les sert aussi sans poivrade.

FRITURE. La meilleure se fait avec la graisse de pot-au-feu, bouillie, écumée et tirée à clair.

FROMAGE A LA CRÈME. (*Office.*) Jetez gros comme une noisette de présure dans une pinte de lait tiède, remuez, faites cailler sur la cendre chaude et mettez égoutter.

G

GALANTINE DE VOLAILLE. (*Rôt.*) Désossez votre pièce sans déchirer la peau, emplissez-la de farce de pâté froid, jambon, saucisson et cervelas. Cousez-la en conservant le plus possible la forme ; emballez dans un linge et faites cuire dans une daubière mi-pleine d'eau avec sel, lard gras, carottes, ognons, thym, laurier, bouquet garni et un jarret de veau. Laissez cuire huit heures, dégraissez et clarifiez la gelée.

GALETTES DE PLOMB. (*Pâtisserie.*) Un litre de farine, une demi-once de sel, cinq œufs, une livre de beurre, une demi-once de sucre, un demi-verre de lait ; maniez le tout ensemble. Rompez en morceaux deux fois, remaniez ensemble et laissez reposer demi-heure. Deux tours de rouleau, demi-heure de repos ; deux tours encore. Mouillez en formant boule, aplatissez avec le rouleau, épais d'un pouce. Mettez au four.

GASCONNADE. (*Rôt.*) Un litron de gousses d'ail épluchées. Faites blanchir, jetez dans l'eau fraîche, mettez-les dans une casserole avec un verre de jus, que vous servirez sous un gigot rôti et lardé de douze gousses d'ail et de douze anchois.

GATEAU D'AMANDES. (*Voyez* AMANDES.)

GATEAU DE RIZ. (*Entremets.*) Une pinte de lait bouilli, demi-livre de riz, un quart de beurre, sucre et zestes de citron. Quand le riz est cuit, quatre œufs battus. Beurrez une casserole, versez le tout et mettez au four durant deux heures.

On fait aussi prendre le gâteau de riz au bain-marie. C'est alors une sorte de crème bâtarde.

GELÉE DE GROSEILLES. (*Office.*) Six livres rouges, trois blanches, une livre framboise, le tout égréné. Pressez fortement ces fruits dans un linge pour extraire le jus, que vous recevez dans un chaudron. Faites bouillir un quart d'heure en écumant. Ajoutez une livre de sucre par livre de jus. Faites bouillir en écumant, jusqu'à ce que le jus prenne consistance.

GELINOTTE. (*Rôt.*) Elle se fait cuire à la broche et se sert comme le canard sauvage (albran).

GIBELOTTE DE LAPIN. (*Entrée.*) Parez, coupez par morceaux, mettez dans un roux garni de petit lard, ognons, bouquet, épices, demi-verre de vin.

GIGOT A L'EAU. (*Entrée.*) Désossez le tout ou seulement le manche; mettez à la casserole avec fond de lard, bouquet garni et épices. Ajoutez deux demi-setiers d'eau et un de vin. Laissez mijoter cinq heures et dégraissez.

GIGOT DE CHEVREUIL. (*Rôt.*) Mariné et lardé comme les filets, rôtissez à feu vif en arrosant de sa marinade. Servez avec sauce hachée, mêlée au résidu de la lèchefrite.

GIGOT DE MOUTON. (*Rôt.*) Dépouillez de la peau, garnissez d'ail et faites cuire à grand feu; six livres, une heure et demie; quatre livres, une heure.

GIRAUMON. (*Voyez* POTIRON.)

GLACE. (*Voyez* ESPAGNOLE.) La glace est une espagnole plus forte et plus réduite; il en coûte moins de l'acheter que de la faire.

GLACES. (*Office.*) Les différentes glaces se font de la même manière. Mettez une quantité de jus de fruits ou de substances aromatiques dans de l'eau ou du lait, mélangez de sucre en poudre; et glacez dans la sarbotière d'étain.

GODIVEAU. (*Entrée.*) Hachez très fin rouelle ou noix de veau, détrempez de la mie de pain dans de l'eau bouillante; passez le tout au tamis. Pelez, avec du beurre, persil, sel, poivre et muscade; ajoutez trois jaunes d'œuf et deux blancs battus; mêlez le tout et faites-en des boulettes. *Nota.* Le beurre, la mie de pain et la purée de viande doivent être mis par égales parties chacun.

GRAS-DOUBLE EN FRICASSÉE DE POULET. (*Entrée.*) Nettoyez et lavez bien, faites dégorger et cuire avec tranches d'ognon, ail, clous de girofle; passez dans le beurre avec pincée de farine, mouillez de bouillon, liez avec jaunes d'œufs.

GRAS-DOUBLE A LA LYONNAISE. Apprêtez et faites sauter à la poêle avec de l'ognon haché.

GOUJONS. (*Rôt.*) Faites frire comme l'éperlan, mais sans brochettes.

GRENOUILLES EN FRICASSÉE DE POULET. (*Entrée.*) Dépouillez les cuisses, sautez à la casserole avec champignons, ciboules, bouquet de persil et beurre; mouillez de bouillon en saupoudrant de farine, et liez avec jaunes d'œufs.

GRIVES. (*Rôt.*) Embrochez avec bardes et feuilles de vigne. Servez avec filet de verjus.

GUIGNARD. (*Rôt.*) De même.

H

HACHIS DE MOUTON. (*Entrée.*) Hachez menu votre viande cuite. Faites revenir champignons, persil, échalotes, estragon hachés avec un morceau de beurre, un peu de farine, laissez réduire; mettez alors votre viande qui ne doit pas bouillir.

HARENGS A LA MAÎTRE D'HOTEL. (*Entrée.*) Grillez, ouvrez le dos, garnissez l'intérieur de beurre, persil, sel et poivre. Filet de citron.

HARENGS A LA MOUTARDE. (*Entrée.*) Grillez et servez sur une sauce de beurre, bouillon, pincée de farine et moutarde battus, sans bouillir.

HARENGS SALÉS. (*Hors-d'œuvre.*) Faites dessaler pendant vingt-quatre heures et cuire à l'eau. Servez en salade avec beaucoup de fournitures.

HARENGS SAURS. (*Hors-d'œuvre.*) Dessalez, ouvrez en deux, grillez et marinez ensuite dans l'huile d'olive. Servez avec une sauce.

HARICOTS BLANCS. (*Entremets.*) *Nouveaux.* Jetez dans l'eau bouillante et faites cuire à gros bouillons. *Secs.* Faites cuire dans une marmite bien fermée ; laissez dans cette eau jusqu'au lendemain. Faites-les cuire alors une seconde fois, et fricassez.

HARICOTS A L'ÉTUVÉE. (*Entremets.*) Lard et petits ognons. Ajoutez, au bout d'un quart d'heure, beurre, fines herbes, vin ; faites bouillir encore un quart d'heure.

HARICOTS A LA MAITRE D'HOTEL. (*Entremets.*) Égouttez-les dès qu'ils sont cuits. Mettez-les dans la casserole avec beurre, persil et ciboule hachés. Filet de verjus.

HARICOTS AU GRAS. (*Entremets.*) Jetez-les dans un roux gras avec sel, poivre, filet de vinaigre, un peu de leur eau ; une demi-heure de cuisson à grand feu.

HARICOTS EN SALADE. (*voyez* SALADES.)

HARICOTS VERTS. (*Entremets.*) Ils s'assaisonnent de la même manière que les blancs.

HARICOT DE MOUTON. (*Entrée.*) Faites revenir votre mouton coupé par morceaux. Un roux. Mouillez-le de bouillon, salez, poivrez, bouquet de persil et ciboules. Très peu de laurier, de thym et d'ail. Laissez jeter un bouillon. Mettez alors la viande, et bientôt ajoutez vos navets que vous aurez fait revenir. Une demi-heure de cuisson.

HOMARD (*Rôt.*) Faites cuire à gros bouillons pendant 25 minutes, dans vinaigre, eau, persil, bouquet garni et épices. Servez froid.

HABILLER. Brider, trousser une volaille pour lui donner la forme convenable.

HOUBLON. (*Entremets.*) Dans quelques localités on mange au printemps ses premières pousses comme des asperges.

HUITRES (COQUILLES D'). (*Hors-d'œuvre.*) 4 douzaines ; détachez-les, et faites-leur jeter un bouillon dans leur eau. Égouttez. Faites revenir avec du beurre, des champignons. Ajoutez de la farine et mouillez de bouillon ou de vin blanc. Faites réduire et mettez vos huîtres. Dans chacune des plus grandes coquilles mettez 4 huîtres, de la sauce, couvrez de chapelure, arrosez de beurre, mettez sur le gril et glacez avec une pelle rougie.

I

ISSUES D'AGNEAU. (*Entrée.*) Faites dégorger à l'eau tiède, et blanchir à l'eau bouillante. Faites cuire avec du bouillon, petit lard, bouquet, racines, ognons, persil, ciboule, laurier, ail, girofle, échalotes, épices, filet de vinaigre, bouillon, un peu d'huile d'olive ; faites réduire, et servez avec cette sauce. (Les issues comprennent la tête, le cœur, le foie, le mou et les pieds.)

J

JAMBON. (*Rôt.*) Faites cuire, enveloppé d'un linge, dans un court-bouillon, avec quelques poignées de foin. 6 heures de cuisson. Désossez en laissant le manche.

JAMBON A LA BROCHE. (*Rôt.*) Désossez, dessalez, marinez 24 heures dans vin blanc, ognon et persil. Embrochez et arrosez de marinade. Avant la cuisson parfaite, levez la couenne et panez.

JULIENNE. (*Potage.*) Coupez très minces carottes, poireaux, panais, navets, ognons, céleri. Hachez, oseille, laitue cerfeuil. Faites cuire à moitié dans le beurre ; achevez de cuire dans du bouillon gras ou maigre, et servez avec ou sans pain.

JUS. On le fait à grand feu, avec des débris de viande, en ajoutant ognons, bouquet, girofle et un peu d'eau.

K

KARI. (*Sauce.*) Demi-quarteron de beurre, une cuillerée à café de *Piment-Kari*, un peu de muscade, de safran, deux cuillerées de farine, mouillez de bouillon, laissez réduire un quart d'heure, passez et ajoutez un peu de beurre.

L

LAITUE AU GRAS. (*Entremets.*) Lavez, liez, cuisez à l'eau bouillante, avec du sel. Egouttez et laissez entière. Mettez dans une casserole avec une pincée de farine, de la graisse et du jus. Faites bouillir dix minutes et mouillez de bouillon.

LAITUE AU MAIGRE. (*Entremets.*) Comme ci-dessus, mais avec beurre frais, muscade et filet de vinaigre. On peut les faire en gras et maigre.

LAMPROIE. (*Entrée.*) Elle se prépare comme la carpe et l'anguille.

LANGOUSTE. (*Voyez* HOMARD.)

LANGUE DE BOEUF A L'ECARLATE. (*Relevée.*) Faites griller sur la braise ardente, pour enlever la peau dure. Frottez-la de poivre et d'un peu de salpêtre. Roulez-la dans le sel. Mettez-la dans un vase avec quelques clous de girofle, peu de thym et laurier. Laissez dans cette saumure douze jours en ayant soin de renouveler le sel. Faites sécher alors.

Pour cuire la marmite pleine d'eau, ognons, girofle, thym, laurier, ni poivre ni sel. Six ou sept heures de cuisson. Faites égoutter et refroidir.

LANGUE DE BOEUF ROTIE. (*Rôt.*) Faites blanchir, cuisez avec bouquet, épices et tranches de lard; piquez ensuite, embrochez une heure, et servez avec sauce piquante.

LANGUES DE MOUTON. (*Entrée.*) Faites blanchir pour ôter la peau, piquez, faites mijoter avec beurre, ognons, carottes, lard gras et bouquet. Mouillez. Cinq heures de cuisson.

LANGUE DE VEAU. (*Voyez* LANGUE DE BOEUF.)

LAPEREAU SAUTÉ. (*Entrée.*) Sautez-le dans le beurre après l'avoir paré et coupé. Ajoutez épices, persil, ciboule, échalotes, mouillez de vin et faites cuire vivement.

LAPEREAU A LA POULETTE. (*Entrée.*) Parez, coupez, faites revenir. Fricassez ensuite avec beurre, champignons, ciboule, persil, épices. Mouillez de vin blanc et de bouillon, laissez réduire.

LAPIN. (*Voyez* GIBELOTTE.)

LENTILLES. (*Entremets.*) (*Voyez* HARICOTS BLANCS, même préparation.)

LIAISON. Cassez des œufs sans crever les jaunes, que vous séparez des blancs, délayez avec une cuillerée ou deux de la sauce que vous devez lier; remuez jusqu'à parfait mélange; versez ensuite peu à peu, et en tournant toujours, dans votre sauce. *Hors du feu.* Remettez-la un moment, en tournant, pour épaissir, mais sans bouillir.

LIÈVRE ROTI. (*Rôt.*) Parez, piquez de petit lard, mettez dans la lèchefrite le sang, le foie et le mou, écrasez et délayés dans le vinaigre, avec sel, poivre et échalotes hachées. Arrosez avec cette sauce durant la cuisson, qui dure une heure et demie pour un gros.

Quand on fait mariner le lièvre, c'est dans du vinaigre mitigé d'eau. On y joint épices, ognon, persil, thym, laurier, beurre manié de farine. On fait tiédir cette marinade, où le lièvre reste six heures. Elle sert ensuite à arroser.

LIÈVRE EN CIVET. (*Entrée.*) Faites revenir votre lièvre, mariné et coupé en morceaux. Faites revenir petits ognons et lard de poitrine. Tournez en le mouillant de vin; du beurre avec une cuillerée de farine. Remettez le lièvre, les ognons, le lard, le bouquet et laissez cuire une heure. Ajoutez le sang alors, liez et laissez réduire votre sauce.

LIMANDES ET SOLES FRITES. (*Entremets.*) Videz, lavez, farinez. Faites frire à feu clair. Égouttez et saupoudrez de sel.

LIMANDES ET SOLES SUR LE PLAT. (*Entrée.*) Dans un plat, beurre manié de farine, persil, ciboule, champignons hachés avec sel et poivre. Mettez le poisson dessus. Ajoutez un demi-verre de vin blanc. Couvrez bien et mettez au feu.

LIMONADE. (*Office.*) Frottez votre sucre sur le citron pour enlever l'huile essentielle. Faites fondre, ajoutez le jus de vos citrons et passez.

LIT. On dit faire des lits, lorsqu'on coupe des substances en tranches menues, entre lesquelles on met d'autres substances ou des assaisonnements.

LOTTE. (*Voyez* LIMANDE.)

M

MACARONI. (*Entremets.*) Faites cuire dans du bouillon avec un quarteron de beurre par livre. Gros poivre. Le macaroni cuit, mettez une demi-livre de gruyère, un parmesan rapés. Mêlez, tournez, dressez, saupoudrez de fromage; râpez et glacez avec le four à campagne.

MAYONNAISE. Deux jaunes d'œufs crus, un cuit, une cuillerée de vinaigre, sel, poivre; versez de la bonne huile d'olive en tournant toujours; plus on veut la sauce épaisse, plus il faut d'huile. Tournez pendant vingt minutes.

MAITRE D'HOTEL. Beurre manié avec persil haché, sel et poivre, plus un filet de citron, verjus ou vinaigre.

MAQUEREAU A LA MAITRE D'HOTEL. (*Entrée.*) Fendez par le dos, marinez d'huile, poivre et sel, et servez sur une maître d'hôtel.

Il se mange grillé *à l'huile et au beurre noir.*

MAQUEREAU SALÉ. (*Voyez* HARENG.)

MARINADE DE VOLAILLE. (*Entrée.*) Otez la peau d'un poulet x lavez les membres, faites dégorger avec les abatis, marinez deu heures sur la cendre chaude avec vinaigre, bouillon, sel, poivre, persil, ciboules, ognons, laurier. Égouttez, trempez dans du blan d'œuf fouetté et faites frire.

MARRONS (POTAGE AUX.) Cent marrons; ôtez les deux peaux. Cuisez dans bouillon gras. Pilez dans le mortier avec une perdrix rôtie froide, passez et mitonnez.

MATELOTE A LA MARINIÈRE. (*Entrée.*) Écaillez, videz, coupez par tronçons dans un petit chaudron, avec gousse d'ail, demi-feuille de laurier, peu de thym, sel, vin rouge, petits ognons et beurre. Dès que le vin bout, versez demi-verre d'eau-de-vie. Allumez et laissez cuire un quart-d'heure. Retirez le poisson, dressez, liez la sauce avec beurre manié de farine.

MAUVIETTES. (*Voyez* ALLOUETTES.)

MENUS. Liste des mets qui doivent composer le repas.

MERLAN FRIT. (*Rôt.*) Tailladez-le légèrement. Farinez et faites frire de belle couleur.

MERLAN GRATINÉ. (*Entrée.*) (*Voyez* CARRELET.)

MERLES. (*Rôt.*) Enveloppez de feuilles de vigne, bardez et faites rôtir sans les vider.

MIJOTER. Cuir lentement et à petit feu.

MIROTON DE BOEUF. (*Entrée.*) Ognons par tranches et beurre. Faites roussir, liez de farine, mouillez de bouillon, faites réduire, ajoutez votre bœuf cuit et coupé par tranches.

MITONNER. Laisser longtemps à feux doux.

MORILLES. Champignons conservés. On les emploie comme les frais.

MORUE A LA BÉCHAMEL. (*Entrée.*) Dessalez, écaillez, faites cuire à l'eau, écumez et ôtez du feu au premier bouillon. Mettez ensuite quelques minutes dans une Béchamel faite à part. (*Voir ce mot.*)

MORUE AU BLANC. Morue maître-d'hôtel, préparez comme dessus, et voyez ces recettes.

MOU DE VEAU AU BLANC. (*Entrée.*) Blanchissez, dégorgez, coupez par petits morceaux. Mouillez avec bouillon, ajoutez fines herbes et épices ; ajoutez à mi-cuisson champignons et petits ognons. Liez avec jaunes d'œufs.

MOUILLER. Mettre de l'eau, du bouillon, du vin ou du vinaigre pendant la cuisson.

MOULES A LA POULETTE. (*Entrée.*) Nettoyez, faites ouvrir au feu ; nettoyez, sautez avec beurre frais, poudrez de farine, mouillez d'eau et laissez jeter un bouillon. Liez la sauce avec jaunes d'œufs. Filet de citron.

MOULES AU NATUREL. (*Entrée.*) Nettoyez bien, mettez dans une casserole avec beurre, fines herbes et épices, sautez jusqu'à ce qu'elles soient bien ouvertes.

MOUTARDE. Dans une assiette, une once de moutarde en poudre, deux pincées de sel fin, demi-verre de vinaigre. Délayez et laissez fermenter vingt-quatre heures. On l'aromatise à son goût.

N

NAVETS GLACÉS. (*Entremets.*) Pelurez, faites cuire sur cendre chaude avec beurre et un peu de sucre, liez avec un peu de bouillon et beurre manié de farine.

NOIX DE VEAU DANS SON JUS. (*Entrée.*) Piquez, mettez avec beurre sur un feu doux; quand elle est bien dorée, mouillez d'un peu d'eau. Sel et feuille de laurier. Cuisson de quatre à cinq heures. Dégraissez, liez avec de la farine.

NOUGAT. (*Dessert.*) Trois-quarts d'amandes douces, un quart d'amères. Dix minutes dans l'eau bouillante, ôtez la peau, faites sécher, et coupez-les en petits morceaux. Pilez du sucre à poids égal et faites-le cuire à caramel (blond foncé), jetez vos amandes dedans et remuez; retirez du feu avant que la couleur se fonce. Frottez d'huile toutes les parois intérieurs d'une casserole, et placez-y par couches minces vos amandes. Cette opération demande à être faite très vite. Renversez ensuite sur un plat.

NOYAU (*Office.*) Demi-livre d'amandes d'abricots. Broyez-les, faites infuser dans deux litres d'eau-de-vie. Après deux mois, mettez une livre et demie de sucre fondu dans trois demi-setiers d'eau. Filtrez et mettez en bouteille.

O

OEUFS. Il serait inutile de parler des œufs à la coque, en omelette, sur le plat, au beurre noir ou frits

OEUFS A LA NEIGE. (*Entremets.*) Une chopine de lait, deux cuillerées de fleur d'orange, demi-quarteron de sucre, faites bouillir. Ajoutez six blancs d'œufs battus en neige avec sucre en poudre. Retirez vos blancs, liez ce lait avec jaunes d'œufs, ajoutez macaroni pilé, et servez froid.

OEUFS FARCIS. (*Entremets.*) Retirez les jaunes des œufs durs; Pilez-les avec beurre, fines herbes et mie de pain trempée dans du lait. Remplissez vos blancs de cette farce. Faites une sauce blanche ou Béchamel, et servez vos œufs dessus.

OEUFS A LA TRIPE. (*Entremets.*) Faites cuire doucement des ognons coupés en rond, avec du beurre frais. Mettez farine, crème, un peu de sucre; puis ajoutez vos œufs durs coupés par quartiers et laissez réduire un peu.

OEUFS POCHÉS (*Entremets.*) Faites bouillir de l'eau avec vinaigre et sel. Cassez au-dessus vos œufs, retirez-les à mesure de la cuisson, égouttez et servez sur jus, farce ou purée.

OIE ROTIE. (*Rôt.*) On peut la farcir de chair à saucisse ou marrons cuits. Une heure un quart de cuisson.

OIES (CUISSES D'). (*Entrée.*) (*Voyez* CUISSES.) On les cuit sur le gril, panées, et on les sert à sauce tartare ou hachée.

OIE EN DAUBE. (*Voyez* DAUBE.)

OMELETTE AU ROGNON. (*Entremets.*) Hachez menu un rognon de veau cuit. Fines herbes, crême épaisse. Battez avec vos œufs; une larme d'eau, sel ; faites cuire comme une omelette au naturel.

L'omelette aux *truffes*, aux *pointes d'asperges*, au *fromage*, aux *champignons*, etc. s'apprête de même.

OMELETTE AUX CONFITURES. Comme les précédentes. Quand elle est cuite, on étend dedans une couche de confitures.

OMELETTE SOUFFLÉE. (*Entremets.*) Six jaunes d'œufs, un quart sucre rapé, un peu de fleur d'oranger. Remuez, fouettez les blancs en neige ; mêlez peu à peu avec les jaunes. Mettez dans la poêle un quart de beurre, versez votre omelette ; sitôt prise, mettez sur un plat beurré. Couvrez du four à campagne, feu dessus et dessous : en deux minutes elle est bonne à servir.

OREILLES DE COCHON A LA PURÉE, (*Hors-d'œuvre.*). Parez, faites cuire avec lentilles, mouillez de bouillon. Ognons, bouquet garni, épices, carottes. Passez les lentilles en purée. Les oreilles de veau et de cochon se servent aussi frites à la pâte.

ORTOLANS. (*Rôt.*) Rotis en brochettes.

P

PAIN PERDU. (*Entremets.*) Un demi-setier de lait. Faites bouillir et réduire à moitié avec un peu de sucre, pincée de sel, demi-cuillerée de fleur d'oranger, pincée de citron vert haché. Taillez des mies de pain de la grandeur d'une pièce de cinq francs, et de l'épaisseur de quatre. Faites imbiber, égouttez, trempez dans l'œuf battu, et faites frires.

PALAIS DE BOEUF. (*Entrée.*) Parez, faites blanchir, coupez par tranches, cuisez comme la *fraise de veau*, servez avec sauce tomate ou sauce hachée.

PANADE. (*Potage.*) Faites mijoter pain, eau, beurre, sel et poivre. Liez de jaunes d'œufs.

PANER. Saupoudrer de mie de pain les mets que l'on veut mettre sur le gril ou au four.

PATATES. (*Entremets.*) Faites frire à volonté, comme les *pommes de terre* ou comme les *salsifis*.

PATE A FRIRE. Délayez dans l'eau tiède où vous avez fait fondre un peu de beurre, une quantité de farine avec sel. Ajoutez petite quantité d'huile, mettez blancs d'œufs battus en neige, remuez et employez dans la journée.

PATE A DRESSER. Un litre de farine, demi-livre de beurre, quatre jaunes d'œufs, deux blancs, demi-once de sel, un peu d'eau. Pétrissez le tout ensemble et incorporez bien ; laissez reposer une demi-heure.

PATÉ DE LIÈVRE EN TERRINE. (*Rôt.*) Parez, désossez, hachez porc frais, rouelle de veau, graisse de bœuf, lard ; ajoutez ciboule, persil, thym, laurier, ail, épices. Disposez dans une terrine, couvrez de bardes de lard ; feu dessus et dessous, le vase bien clos, pendant quatre à cinq heures.

PETITS PATÉS. (*Hors-d'œuvre.*) Prenez de la pâte. (*Voyez* Feuilletage.) Applatissez-la de l'épaisseur et grandeur de cinq francs pour chaque petit pâté. Mettez au milieu gros comme une noix de hachis de veau, volaille et graisse de bœuf. Recouvrez d'un morceau de pâte plus mince, dorez et enfournez.

PATÉS CHAUDS. (*Entrée.*) Prenez de la pâte (*feuilletage*), emplissez de godiveaux, boulettes, garnitures avec épices et beurre, et enfournez. Les écrevisses se placent après.

PATÉS FROIDS. (*Rôt.*) Chauffez le four en proportion de la grosseur. Les grosses pièces doivent être, ainsi que la farce, cuites à moitié dans une braise. (*Voyez* ce mot.) Le jambon aux trois quarts. Toutes les pièces seront lardées et épicées.

Servez-vous de pâte à dresser ; si la croûte prend trop de couleur, entourez-la d'un papier beurré.

PAUPIETTES DE VEAU. (*Entrée.*) Coupez par tranches une rouelle, mettez bardes de lard sur chacune, assaisonnez. Ajoutez une farce de volaille ou veau, roulez, ficelez. Mettez à la casserole avec cuillerée de bouillon, vin blanc, bouquet, carottes, ognons piqués. Laissez mijoter et faites réduire.

PERCHE AU BLEU. (*Rôt.*) Court-bouillon. On la sert aussi frite.

PERDREAUX. Ils se servent à la crapaudine et en salmis.

PERDRIX AUX CHOUX. (*Entrée.*) Parez, faites revenir au beurre, ajoutez pincée de farine, bouquet garni, petit lard ; mouillez de bouillon. Faites cuire à part et à moitié un choux avec petit-salé, saucisson et saucisse. Égouttez et remettez le tout ensemble sur le feu pour donner goût.

PETITS POIS. (*Entremets.*) Un quarteron de beurre par litre. Faites cuire avec petits ognons, bouquet de persil, cœur de laitue, sel et poivre.

PETITS POIS A L'ANGLAISE. (*Entremets.*) Cuisez à grande eau, et servez avec le beurre en morceau posé dessus.

PETS-DE-NONNE. (*Entremets.*) Dans une casserole deux demi-setiers d'eau, sucre, zestes de citron. Faites bouillir un quart d'heure ; ôtez le citron, saupoudrez de farine en tournant avec une cuillère jusqu'à ce que la pâte soit cuite, demi-heure au moins. Tirez du feu, cassez-y un œuf, tournez pour l'incorporer parfaitement. Prenez-en la grosseur d'une noix pour chaque, et jetez dans la friture bouillante.

PIEDS DE COCHON A LA SAINTE-MENEHOULD. (*Hors-d'œuvre.*) Fendez et ouvrez, faites cuire avec sel, bouquet, basilic, ail. Écumez ; cinq heures de cuisson. Laissez refroidir, passez à l'huile, panez et grillez.

Les charcuitiers les vendent apprêtés et panés.

PIEDS DE MOUTON A LA POULETTE. (*Entrée.*) Nettoyez, faites bouillir huit heures avec ognons, bouquet, clous de girofle, sel et poivre. Désossez, mettez sur le feu avec beurre manié de farine, mouillez de bouillon ; ajoutez petits ognons, champignons, sel, poivre ; liez la sauce avec jaunes d'œufs, filet de citron.

PIEDS DE MOUTON FARCIS ET FRITS. (*Entrée.*) Quand ils sont désossés, une heure de cuisson dans le bouillon, avec un peu de vinaigre, sel, épices, ail, laurier et beurre manié de farine. Retirez, garnissez de farce de mie de pain au lait ou de chair à saucisse et volaille, trempez dans des œufs battus, panez, faites frire.

PIEDS DE VEAU. (*Hors-d'œuvre.*) Comme la fraise de veau. On les apprête aussi à la poulette et frits.

PIGEONS AUX PETITS POIS. (*Entrée.*) Parez, troussez, passez dans un roux de beurre et petit lard ; ajoutez les pois, bouquet garni, pincée de farine, mouillez de bouillon, feu doux.

PIGEONS A LA CRAPAUDINE. *Voyez* ce mot.

PIGEONS A L'ÉTUVÉE. (*Entrée.*) Dans un roux, mouillez de bouillon et de vin, épices, bouquet garni, ognon piqué de girofle.

PIGEONS EN COMPOTE. (*Entrée.*) Faites revenir avec petit lard; retirez; faites un roux; bouquet garni, épices, petits ognons, champignons; faites-y mijoter vos pigeons en mouillant de bouillon.

PIGEONS FRITS. (*Rôt.*) Coupez par moitié; faites cuire en casserole avec bouquet, épices et cuillerées de bouillon. Refroidissez, panez, faites frire.

PILAU. (*Potage.*) Coupez six ognons, une carotte rouge; passez au beurre avec persil, sel, poivre, girofle, muscade, trois cuillerées à pot d'eau bouillante, une noisette de safran; mijotez une heure, passez au tamis. Faites cuver une livre de riz, mouillez avec votre sauce. Beurrez un fond de casserole, mettez épaissir votre pilau à feux doux. Il faut que le riz croque sous la dent.

PIQUER. C'est garnir de filets de menu lard les viandes, volailles, etc.

PLIES. (*Voyez* LIMANDES.)

PLUM-PUDDING. (*Entremets.*) Une livre de raisins secs, ôtez-les pépins. Six œufs, un demi-verre d'eau-de-vie ou rhum, quatre onces de graisse de bœuf hachée, une livre de farine, chopine de lait, deux onces de sucre, zestes de citron. Mêlez avec mie de pain mollet et donnez de la consistance. Enveloppez d'un linge ficelé et mettez cuire à eau bouillante pendant quatre heures. Servez chaud. On arrose si on veut de rhum ou d'eau-de-vie qu'on peut allumer.

PLUVIERS. (*Rôt.*) On ne les vide pas. Préparez-les et servez-les comme les bécasses.

POÊLE. (*Fonds de cuisine.*) Débris de veau, lard gras et jambon, coupés menu. Passez à la casserole avec ognons et carottes coupés menu. Faites revenir, mouillez de bouillon, ajoutez assaisonnement, laurier et ail. On y fait cuire des volailles qui s'appellent alors poêlées.

POIS (PETITS). (*Entremets.*) Deux litres, un quart de beurre, bouquet de persil, un cœur de laitue, quatre petits oignons, peu de sel et de sucre. Remuez, faites bouillir à petit feu une demi-heure. Retirez le bouquet, mettez un morceau de beurre manié de farine.

POIS A L'ANGLAISE. *Voyez* HARICOTS VERTS.

PETITS POIS AU LARD. (*Entremets.*) Une demi-livre de lard ou jambon, coupez menu et faites blanchir. Faites revenir au beurre. Un litre de pois, gros comme une noix de beurre ; mettez dix minutes dans l'eau fraîche pour attendrir ; égouttez, faites suer à feu doux, mouillez avec bouillon, ajoutez alors votre petit-lard avec bouquet de persil et ciboules, faites bouillir deux minutes et achevez la cuisson à petit feu.

POISSONNIÈRE. Vaisseau de cuivre étamé, long et au fond duquel se trouve une feuille percée de trous avec anses, pour enlever le poisson sans le rompre.

POITRINE DE MOUTON FARCIE. (*Entrée.*) Levez la peau pour mettre une farce dessous ; ficelez et faites cuire avec barde de lard, épices, bouquet, mouillez de bouillon, faites réduire. Elle se sert avec légumes dessous.

POITRINE DE VEAU AUX PETITS POIS. (*Entrée.*) Coupez par morceaux, faites revenir au beurre ; ajoutez un peu de bouillon, sel, poivre, bouquet de persil. Au bout d'une heure ajoutez vos pois.

POIVRADE (SAUCE.) Dans une petite casserole, aux deux tiers, vinaigre, échalote, thym, laurier, persil, ciboule, une forte pincée de poivre; faites à part un roux; mouillez-le de bouillon, versez-y votre sauce et laissez bouillir un quart d'heure. Passez au tamis.

POMMES-D'AMOUR FARCIES. (*Entremets.*) Otez la queue et le dessus, retirez les pépins, pressez pour extraire l'eau, remplissez de farce, et faites cuire, feu dessus et dessous.

POMMES DE TERRE A LA CRÈME. (*Entremets.*) Faites cuire à l'eau avec sel, pelez, sautez avec beurre, mouillez de crème et faites réduire.

Elles s'accommodent aussi à la *Maître-d'Hôtel*, à la *Purée d'ognons*, aux *diverses sauces*, en *salade* et *frites*.

PORC FRAIS A LA BROCHE. (*Rôt.*) Marinez deux jours dans huile, épices, persil, ognons, bouquet garni, laurier ; embrochez et arrosez de la marinade. Deux heures de cuisson pour quatre livres.

POTAGE A LA JARDINIÈRE. Coupez navets, carottes, pommes de terre par morceaux de forme ronde et allongée en bouchon ; ajoutez poireaux, céleri, chou-fleur, pois, haricots verts, pointes d'asperges. Faites blanchir le tout, et faites cuire ensuite dans le bouillon gras ou maigre.

POTAGE A LA FAUBONNE. Même recette ; mais on fait revenir les légumes à brun dans le beurre.

POTAGE A LA PURÉE. Mettez un légume quelconque dans une casserole avec ognons, carottes, poireaux, céleri, beurre ou lard gras. Les légumes cuits, écrasez le tout dans une passoire, mouillez.

POTAGE AU VERMICELLE, semoule, macaroni et autres pâtes. Jetez dans le liquide bouillant, et faites cuire à grand feu.

POTAGE AUX CHOUX. Choux coupés en quatre. Petit-salé, poitrine de mouton, sel et poivre.

POTAGE AUX CROUTONS. Faites frire dans du beurre de petits morceaux de mie de pain en forme de dez à jeu. Servez dans votre purée un peu claire.

POTAGE EN TORTUE. Tranche de bœuf, panne de veau, parure de volaille, moitié consommé et moitié blond de veau, carottes, ognons, clous de girofle, demi-tête de veau. Dans une autre marmite, petits piments, muscade, champignons, ris de veau, crêtes de coq, rognons idem, quenelles de volailles, consommé et vin de Madère. Versez chaud dans la soupière où se trouvent quelques œufs pochés.

POTAGE A L'OGNON. Hachez menu, faites roussir dans le beurre avec farine, mettez l'eau. Cinq minutes d'ébullition et trempez. On y peut mettre du fromage.

POULARDE AUX TRUFFES. (*Rôt.*) *Voyez* DINDE.

POULARDE. Elle s'apprête des mêmes manières que le poulet.

POULE AUX RIZ. (*Voyez* CHAPON.)

POULE AUX OGNONS. (*Entrée.*) Mettez au pot. Retirez mi-cuite pour passer au roux de beurre et lard. Mouillez de bouillon, avec ognons et bouquet garni. Laissez réduire.

POULET A LA TARTARE. (*Voyez* TARTARE.)

POULET A L'ESTRAGON. (*Entrée.*) Maniez de l'estragon avec beurre, sel et poivre. Hachez menu le foie du poulet, mettez cette farce bien mêlée dans le corps du poulet, embrochez. Mettez de l'estragon dans du beurre fondu, mouillez de bouillon, laissez réduire et liez avec farine et jaunes d'œufs. Filet de citron.

POULET GRILLÉ AU JUS. (*Entrée.*) Maniez d'huile, épices, ognons à tranches, persil, ail. Mettez le poulet dans un papier beurré avec cet assaisonnement (en papillote). Faites griller à feu doux, et servez tout nu sur une sauce ravigote.

POULET RÔTI. (*Rôt.*) Parez, bardez, embrochez et arrosez de . Trois-quarts d'heure de cuisson.

POULET (FRICASSÉE DE.) (*Entrée.*) Mettez votre poulet, coupé par morceaux, dans la casserole avec beurre fondu, verre d'eau, épices, bouquet de persil; cinquante minutes de cuisson; liez de jaunes d'œufs. Ajoutez champignons, petits ognons, culs d'artichauds, écrevisses.

PUDDING A LA PATE. (*Entremets.*) Faites une bouillie épaisse avec farine, lait et sel. Retirez, ajoutez beurre et sucre, jaunes d'œufs en quantité, moitié autant de blancs. Battez, mêlez, versez dans une timbale, feu dessus et dessous; demi-heure de cuisson.

PUDDING A LA MOELLE. (*Entremets.*) Écrasez quatre onces de biscuit dans un verre de lait, mêlez huit jaunes et quatre blancs d'œufs battus séparément. Ajoutez deux onces sucre en poudre, moelle de bœuf hachée, un petit verre d'eau-de-vie, un de vin de liqueur, de l'eau de fleur d'orange, une cuillerée de fécule. Faites bouillir et épaissir. Versez dans une timbale, et comme ci-dessus.

PUNCH. (*Office.*) Frottez le sucre sur l'épiderme des citrons, faites-le fondre dans une infusion de thé léger. Mettez l'eau-de-vie ou le rhum, et servez.

PURÉES. Toutes se font de même. Faites cuire vos légumes à grandes eaux avec assaisonnement, et passez-les.

Q

QUARTIER D'AGNEAU. (*Voyez* AGNEAU.)

QUASI DE VEAU. (*Entrée.*) Lardez. Faites cuire quatre heures avec épices, ognons, lard et bouquet garni.

QUENELLES. Hachez chair de poisson cuit. Pilez avec jaunes d'œufs durs et champignons cuits, mettez autant de mie de pain cuite au lait; pilez, ajoutez autant de beurre frais qu'il y a de farce. Pilez sel, jaunes d'œufs, persil haché. Fouettez des blancs d'œufs, trois blancs pour quatre jaunes; mélangez bien, et formez vos boulettes maigres ou quenelles; faites-les passer au jus, et servez sur maigre sauce.

QUEUES DE MOUTON EN BRAISE. (*V.* BRAISE.)

QUEUES DE MOUTON FRITES. (*Entrée.*) Faites cuire en braisé. Refroidissez. Passez dans des œufs battus, panez et faites firer.

R

RAGOUT MÊLÉ. *(Entrée.)* Champignons, foie gras, culs d'artichauts, persil, gousse d'ail, beurre. Faites cuire. Une pincée de farine. Mouillez de vin blanc et bouillon. Demi-heure de cuisson.

RAIE A LA SAUCE BLANCHE. *(Entrée.)* Nettoyez avec le plus grand soin, et faites cuire comme le *brochet aux câpres*. On l'apprête aussi au beurre noir.

RAMIERS. *(Rôt.)* Piquez et faites rôtir.

RAVIGOTE. (SAUCE A LA) Poignée de cerfeuil, pimprenelle, estragon, cresson alénois hachés menu. Faites bouillir un quart d'heure avec bouillon, sel, poivre, vinaigre. Liez avec un morceau de beurre manié de farine.

REMOULADE. *(Sauce.)* Délayez moutarde, huile et vinaigre, avec échalotes, cerfeuil, hachés menus. Ajoutez épices fortes.

REVENIR (FAIRE.) C'est passer dans la casserole avec du beurre.

RIZ. Mettez une once de riz par personne. Faites crever doucement dans du bouillon. Il se sert au *gras*, au *maigre*, et au *lait*.

RIZ DE VEAU. *(Voyez* FRICANDEAU.)

RIZ DE VEAU EN CAISSE. *(Entrée.)* Les riz parés et piqués, coupez par morceaux, faites cuire avec champignons et fines herbes hachés menu. Retirez. Disposez dans des caisses de papier fort huilées et garnies de mie de pain. Saupoudrez le tout de mie de pain et mettez sur le gril.

ROBERT (SAUCE.) Beurre, farine, faites roussir. Hachez des ognons, mettez dans la casserole avec beurre, sel, poivre. Mouillez d'un peu de bouillon. Dégraissez et laissez au feu vingt minutes. Au moment de servir, délayez avec vinaigre et moutarde.

ROGNON DE BOEUF AU VIN. *(Entrée.)* Coupez par tranches, passez au roux avec épices et bouquet garni. Mouillez de vin, faites jeter un bouillon ; liez d'un peu de farine, laissez réduire.

ROGNON DE COCHON. *(Comme ci-dessus.)*

ROGNONS DE MOUTON A LA BROCHETTE. (*Hors-d'œuvre.*) Enlevez la pellicule, ouvrez en deux, assaisonnez d'épices, mettez sur le gril, et servez avec beurre, persil et filet de citron.

ROMAINE. (*Entremets.*) *Voyez* LAITUE.

ROSBIF. (*Rôt.*) Seconde pièce de l'aloyau. Embrochez et faites cuire à feu très vif en arrosant de beurre. Entourez, en servant, de pommes de terre à l'étouffé.

Cuisson : dix livres, deux heures et demie. Cinq livres, une heure et demie.

ROUGETS GRILLÉS. (*Entrée.*) Coupez la tête, passez au beurre avec fines herbes et épices. Panez, grillez.

ROUGETS A L'HUILE. (*Entrée.*) Cuisez au bleu, écaillez et servez froid.

ROUX. (SAUCE.) Faites fondre du beurre, saupoudrez-le en tournant d'autant de farine qu'il en peut boire ; faites prendre couleur à petit feu et en tournant toujours.

ROUX BLOND. Se fait de même, mais en laissant moins longtemps au feu pour qu'il ne prenne pas couleur.

S

SALADE D'ŒUFS. (*Rôt.*) Coupez œufs durs par quartiers, assaisonnez en salade en ajoutant filets d'anchois, et fruits confits au vinaigre.

SALADE DE VOLAILLE. (*Rôt.*) Mettez une volaille coupée par quartiers, avec anchois, cornichons, câpres, fines herbes, ou quelques feuilles de salade. On peut y ajouter une mayonnaise.

SALMIS. (*Entrée.*) Faites fondre sans roussir un morceau de beurre manié de farine. Mouillez de bouillon et de vin, partie égale. Échalotes, bouquet garni. Mettez alors votre gibier, faites cuire, réduisez et servez avec filet de vinaigre.

SALSIFIS. (*Entremets.*) Ratissez, lavez, cuisez avec eau, sel et vinaigre. Servez ensuite avec sauce grasse ou maigre.

SALSIFIS FRITS. (*Rôt.*) Cuits de même; faites mariner dans vinaigre, sel et persil. Egouttez, passez à la pâte, puis à la friture.

SARDINES. (*Hors-d'œuvre*.) Lavez, écaillez, grillez légèrement. On les sert à la maître-d'hôtel, à l'huile ou à la sauce moutarde. *Voyez* HARENGS.

SAUCE BLANCHE. Mettez dans la casserole un morceau de beurre manié de farine. Mouillez d'eau et tournez jusqu'à ce qu'elle soit près de bouillir. Lorsqu'elle bout, retirez du feu, mettez sel, poivre, vinaigre.

SAUCE BLONDE. Faites fondre du beurre, saupoudrez de farine, laissez roussir, mouillez de bouillon.

SAUCE A TOUS METS. Vin blanc, zeste de citron, épices, bouquet garni et filet de verjus. On la laisse mitonner et réduire à feu couvert.

SAUCE AU PAUVRE-HOMME. Cuisez échalotes et persil hachés dans du bouillon, avec épices et cuillerée de vinaigre. Mettez réchauffer votre viande dedans.

SAUCE AU CHASSEUR. Réduisez en bouillie de la mie de pain dans du lait. Gros comme un dé de beurre, poivre et sel.

SAUCE HACHÉE. Persil, cornichons et échalotes hachés, faites cuire dans un roux avec un peu de jus.

SAUCE PIQUANTE. Des échalotes hachées dans un roux, bouillon, vinaigre, chapelure, épices et cornichons.

SAUCE TOMATE. Otez extrémités et pépins. Faites cuire avec bouquet garni, ognons, girofle, bouillon. Passez au tamis. Mouiller de bouillon. Ajoutez beurre frais manié de farine.

SAUMON. On le prépare au *court-bouillon*, à la *sauce aux câpres*, à la *maître-d'hôtel*. (*Voyez* BROCHET et TURBOT.)

SAUMON A LA BROCHE. (*Rôt*.) Divisez en dalles de six pouces, piquez le dos de lard fin, faites mariner avec huile, épices, ognon, persil. Attachez vos tranches à une brochette, en les séparant entre elles par une tranche de pain. Arrosez de beurre et servez avec une sauce appétissante.

SAUTÉ. On appelle sauté le ragoût qu'on lie dans la casserole, en le faisant sauter par le mouvement du bras.

SCORSONÈRES. (*Voyez* SALSIFIS.)

SIROP POUR LES COMPOTES. (*Office*.) Un quart de sucre et un demi-verre d'eau; faites bouillir et écumer. (Cette proportion est pour une douzaine de pommes.)

SOLES. (*Voyez* CARRELETS.)

SOUFFLÉ DE RIZ. (*Entremets.*) Faites une bouillie épaisse de farine de riz, ajoutez sucre et marrons pilés ; parfumez avec un arome quelconque. Jaunes d'œufs, les blancs fouettés en neige. Dans une tourtière beurrée, et sous le four de campagne.

SOUPE DORÉE. (*Entremets.*) Battez des œufs assaisonnés comme pour une omelette naturelle. Jetez-y tranches de pain ordinaire avec leur croûte. Laissez tremper un quart d'heure ; faites frire vos tranches comme des beignets, servez en saupoudrant de sel.

T

TANCHE. (*Entrée.*) Jetez à l'eau bouillante et écaillez. Marinez d'huile, fines herbes et épices. Faites griller, enveloppée d'un papier contenant la marinade ; servez avec sauce à volonté.

TARTARE. *Voyez* SAUCE.

TENDONS DE VEAU AUX PETITS POIS. *Voyez* POITRINE.

TENDONS DE VEAU EN MATELOTE (*Entrée.*) Faites roussir au beurre, ajoutez un verre d'eau ou de vin, épices et bouquet garni. Au moment de servir, mettez champignons et petits ognons roussis. Réduisez.

TÊTE DE VEAU A LA VINAIGRETTE. (*Relevé.*) Échaudez, désossez, parez. Enveloppez dans un linge, faites cuire à petit feu dans l'eau avec bouquet, épices, parures de lard. Servez entourée de persil, après avoir découvert la cervelle.

TÊTE DE VEAU EN TORTUE. (*Entrée.*) Faites revenir riz de veau, crêtes et rognons de coqs. Mouillez de bouillon avec pincée de farine ; ajoutez deux verres de vin de Madère, sel et piment. Faites réduire. Mettez alors votre tête de veau coupée en morceaux, des œufs pochés, des écrevisses, culs d'artichauts et truffes.

THÉ. (*Office.*) Pour faire le thé, mettez dans la théière, échauffée d'avance, une quantité de thé proportionnée à la quantité et à la force de l'infusion que vous voulez faire. — Versez d'abord sur le thé une demi-tasse d'eau bouillante ; laissez infuser cinq ou six minutes ; jetez cette première eau, puis achevez d'emplir la théière avec de l'eau bouillante.

THON MARINÉ. (*Hors-d'œuvre.*) Se mange à l'huile.

TOMATES. *Voyez* POMMES D'AMOUR.

TOURTE DE FRUITS. (*Entremets.*) Formez une boule avec de la pâte brisée. *Voyez* PATE BRISÉE. Mettez sur une tourtière farinée, faites un rebord en feuilletage. *Voyez* FEUILLETAGE. Étendez dans l'intérieur, une marmelade quelconque de fruits, après l'avoir passée à la casserole dans un peu d'eau-de-vie et de sucre bouillants: mettez au four.

TOURTE DE MORUE. (*Entrée.*) Préparez la pâte comme dessus, enfournez à vide et emplissez ensuite de morue Béchamel.

TRUFFES AU VIN. (*Hors-d'œuvre.*) Entières dans une casserole avec lard haché, ail, jus, bouillon et vin blanc.

TRUFFES AU NATUREL. (*Hors-d'œuvre.*) Enveloppez dans cinq ou six enveloppes de papier que vous mouillez après. Faites cuire une heure sous la cendre chaude.

TRUITE A LA GENÉVOISE. (*Entrée.*) Parez, faites cuire au court bouillon. *Voyez* ce mot. Mettez dans une casserole beurre, champignons, persil, échalotes hachées, mouillez le bouillon. Trempez une croûte de pain dans le court-bouillon, égouttez, passez en purée au tamis, mettez dans votre sauce avec deux cuillerées du court-bouillon, liez avec beurre manié de farine.

TURBOT. *Voyez* BARBUE.

V

VAISSELLE D'ÉTAIN. Gardez-vous d'y laisser séjourner des mets ou boissons où il entre des acides. Le fruit cuit y prend aussi une qualité dangereuse. Le vin et la bière y perdent leur salubrité, les œufs sur le plat s'y gâtent.

VANNEAUX. *Voyez* PIGEONS.

VEAU ROTI AUX FINES HERBES. (*Rot.*) Marinez avec huile, champignons, ciboules, persil, échalotes, thym, laurier, le tout haché menu. Embrochez le carré en l'enveloppant d'un papier qui contient l'assaisonnement.

Après cuisson, on lie la moitié de l'assaisonnement avec beurre manié de farine, en ajoutant jus, vinaigre, sel et poivre.

VIVE. (*Entrée.*) Parez, ôtez le piquant, marinez d'huile, sel et poivre; grillez en arosant de la marinade. Elles se servent avec sauce marinade, sauce hachée, etc.

VOL-AU-VENT. (*Voyez* Paté chaud.)

WAKARA DES INDES. (*Office.*) Une once et demie de cacao mondé, quatre onces de sucre, six gros de sucre de vanille, un gros de cannelle et un de rocou sec. Torrifiez à part le cacao pour enlever l'écorce; triturez à part le cacao, la canelle, le rocou et le sucre de vanille; mettez toutes les poudres et triturez-les ensemble avec le sucre, jusqu'à ce que le tout forme une poudre bien homogène, que vous renfermerez dans un flacon bien bouché.

Cette poudre, aromatique et fortifiante, ranime l'appétit des vieillards et des convalescents. On en met une cuillerée dans un potage au riz, au vermicelle, ou dans une jatte de lait.

ZESTE. Pellicule mince de l'écorce du citron. C'est la partie colorée et odorante.

CUISINE DES MALADES
ET
DES CONVALESCENS.

B

BOUILLON AUX HERBES. Hachez une poignée d'oseille et une demi-poignée de cerfeuil, le tout épluché. Faites fondre vos herbes dans une casserole à feu vif. Ajoutez une pincée de sel, un litre et demi d'eau, un peu de beurre. Faites jeter quelques bouillons et passez au tamis.

BOUILLON DE MOU DE VEAU. Prenez le quart d'un mou de veau, coupez-le en deux après l'avoir fait dégorger; mettez-le dans une marmite avec deux pintes d'eau, une poignée de raisins de Corinthe, six dates, douze jujubes, et deux onces de sucre candi brun. Faites cuire à petit feu pendant quatre heures, et passez au tamis.

BOUILLON DE POULET. Concassez avec le dos d'un couperet la moitié d'un poulet. Faites cuire à petit feu dans une casserole avec une pinte d'eau et un peu de sel. Passez au tamis.

BOUILLON DE POULET ADOUCISSANT. Faites cuire comme ci-dessus un demi-poulet; ajoutez deux figues grasses et deux onces de raisins de Corinthe. Un peu de sel. Passez au tamis.

BOUILLON RAFRAICHISSANT. Coupez en deux une demi-livre de rouelle de veau ; mettez dans une petite marmite, avec une poignée de cerfeuil, deux laitues et quelques feuilles de chicorée sauvage. Passez au tamis.

E

EAU D'ORGE. Quand l'eau d'orge est ordonnée comme tempérante et adoucissante, il faut employer l'orge perlée ; si on fait usage d'orge entière, il faut jeter la première eau. La première écorce de l'orge, en effet, contient un principe astringent. Quand on emploie l'orge comme gargarisme, avec des feuilles de ronces et du miel, on se sert d'orge entière, et on ne jette pas la première eau.

Faites bouillir l'orge jusqu'à ce qu'elle soit crevée ; versez alors sur les feuilles de ronces ; passez au tamis, en ajoutant une cuillerée de miel et une de vinaigre.

ÉMULSION ADOUCISSANTE. Battez une once d'huile d'amandes douces avec un jaune d'œuf et une cuillerée de sucre en poudre ; quand le tout est bien incorporé, ajoutez deux ou trois cuillerée de sirop de capillaire ou de sirop de gomme avec un filet de fleur d'orange. Cette émulsion se prend par petites cuillerées.

F

FARINE DE RIZ. La farine de riz n'est pas toujours de bonne qualité. Voici la manière de la préparer soi-même. Faites crever du riz bien lavé, mettez peu d'eau afin qu'il la boive lorsqu'il sera bien gonflé. Etendez le riz sur des feuilles de papier, après l'avoir bien égoutté ; faites sécher au soleil ; pilez dans un mortier. Vous obtenez ainsi une farine excellente, déjà cuite, et qu'il suffit de délayer dans un liquide bouillant pour en faire usage.

FÉCULE DE POMMES DE TERRE. Cette fécule procure un potage très léger et très sain.

En gras, délayez dans une demi-tasse de bouillon froid une cuillerée de fécule; versez ensuite dans du bouillon bouillant en remuant avec la cuiller pour bien mêler; faites jeter quelques bouillons.

Procédez de même pour la fécule au lait. Sucrez et aromatisez avec la fleur d'orange. *Nota.* Lorsqu'on ajoute du miel à de la fécule au lait, elle perd sa consistance et devient entièrement liquide.

G

GELÉE A LA MINUTE. Prenez une livre de tranche, une vieille poule, la moitié d'un jarret de veau; hachez la viande; coupez la poule et le jarret en morceaux le plus petit possible; mettez le tout dans une casserole avec un litre et demi d'eau; faites bouillir et écumer; ajoutez deux carottes, deux ognons, un demi-panais, deux navets coupés en rouelles; salez. Continuez l'ébullition en couvrant la casserole et en mettant un torchon mouillé sur le couvercle que vous tremperez dans l'eau fraîche lorsqu'il sera échauffé (c'est le moyen d'empêcher l'évaporation). Après une demi-heure d'ébullition, passez au tamis, battez un blanc d'œuf, ajoutez-le, remettez sur le feu, faites bouillir à découvert; écumez; après un quart-d'heure versez dans un vase de faïence, et faites refroidir.

GELÉE DE PIEDS DE VEAU. Prenez trois pieds de veau bien échaudés, fendez-les et mettez-les dégorger dans l'eau; essuyez et frottez de jus de citron; mettez dans une marmite avec deux pintes d'eau et le jus de deux citrons, faites bouillir, écumez avec soin, et faites cuire à petit feu pendant trois heures. Passez la gelée au tamis de soie et clarifiez-la. Faites réduire jusqu'à ce qu'elle soit d'une forte consistance, passez la gelée à l'étamine jusqu'à parfaite clarification, et faites refroidir.

Cette gelée s'apprête de différentes manières pour l'usage des convalescents. En y joignant du lait d'amandes et du sucre, on en fait du blanc-manger; *Voyez* BLANC-MANGER. Avec du jus de citron ou d'orange, on en fait une gelée acide; si après l'avoir fait fondre, on l'a fait bouillir avec un verre de vin de Malaga, de la cannelle et du sucre, on en fait une gelée tonique et fortifiante.

J

JUJUBES (PATE DE). Faites fondre une livre de belle gomme arabique concassée dans deux litres d'eau chaude, mais non bouillante ; passez à l'étamine, et mettez la gomme dissoute dans une bassine, avec une livre de jujubes. Ajoutez une livre et demie de sucre ; faites bouillir, d'abord à grand feu, puis ensuite à feu plus modéré, jusqu'à ce que le mélange ait pris la consistance du miel ; versez alors sur une plaque, et achevez l'évaporation à l'air ou à l'étuve.

JUS D'HERBES. Prenez une poignée de cresson, autant de cerfeuil et de chicorée sauvage ; hachez et pilez le tout dans un mortier de marbre ; passez en tordant dans un linge ; si vos herbes étaient trop sèches, et ne vous donnaient pas assez de jus, repilez le marc avec un peu d'eau ; passez en exprimant de nouveau, et réunissez ce jus au premier. Pour clarifier le jus d'herbes, mettez au bain-marie, dans un vase fermé ; lorsque vous versez la fécule bien séparée, passez à l'étamine.

Les médecins prescrivent le jus d'herbes avec ou sans filtration ; il faut se conformer en cela à leur ordonnance ainsi qu'à l'espèce et à la quantité des herbes dont le jus doit être extrait. Nous avons donné ici pour exemple la prescription la plus usitée.

L

LAIT DE POULE. Mêlez ensemble un jaune d'œuf, une cuillerée de sucre en poudre et une cuillerée de fleur d'orange ; le tout bien mêlé ; versez dessus de l'eau très chaude sans être bouillante, remuez et faites prendre aussitôt.

O

ORGE PERLÉ. Faites tremper l'orge, la veille, dans de l'eau froide ; ajoutez-la et faites-la bouillir dans du bouillon jusqu'à ce qu'elle soit bien crevée ; ne mettez d'abord qu'autant de bouillon qu'il en faut pour couvrir l'orge ; ajoutez-en ensuite. Quand l'orge est crevée, il faut prolonger encore l'ébullition, pour que le bouillon se charge de tout ce qui est dissoluble ; passez ensuite dans un linge avec expression.

On peut laisser l'orge dans le potage, quand il n'est pas apprêté pour un malade.

P

PANADE. Prenez de la mie de pain tendre ; mettez-là dans une casserole avec un peu d'eau ; faites bouillir : la mie de pain, en absorbant l'eau, se résoudra en une bouillie épaisse, que vous délayerez avec suffisante quantité d'eau ; ajoutez du sel ; faites jeter quelques bouillons, retirez ensuite la casserole, et faites fondre dans la panade un morceau de beurre. Vous la rendrez plus agréable et plus susbtantielle en y ajoutant un ou deux jaunes d'œufs.

On peut préparer aussi une panade au bouillon ou au lait ; cette dernière est préférable pour les enfants, à la bouillie qu'on leur donne ordinairement. En voici la recette : faites dissoudre la mie de pain avec très peu d'eau ; lorsqu'elle est tout à fait en bouillie épaisse, délayez-la avec du lait frais, faites chauffer sans bouillir, ajoutez un peu de sucre.

PETIT-LAIT. Prenez une pinte de lait frais, faites-le tiédir, et mêlez-y une demi-cuillerée à café de présure. Lorsque le lait est pris, enlevez-le avec une cuiller, et déposez-le dans un chaseret d'osier garni d'un morceau de linge blanc, et recevez le lait qui s'écoule.

Le petit-lait, fait ainsi, n'a aucune acidité, ne fatigue pas l'estomac, est à-la-fois rafraîchissant et adoucissant.

POTAGE A L'URGENCE. Souvent on manque de bouillon au moment où on en aurait le plus besoin ; voici le moyen d'en faire de très bon en une demi-heure. Coupez menu une demi-livre de bœuf ; coupez aussi le plus fin possible un abatis de volaille ou la moitié d'un poulet ; mettez le tout dans une casserole avec un litre d'eau ; faites bouillir rapidement, écumez, ajoutez une carotte, un navet et un ognon, coupés en tranches ; salez, continuez à faire bouillir ; couvrez la casserole, et posez dessus un torchon mouillé. Au bout d'une demi-heure d'ébullition, passez le bouillon au tamis.

S

SAGOU AU GRAS. Le sagou est une matière féculente et gommeuse produite par une espèce de palmier de l'Archipel d'Asie. On lave à l'eau bouillante et on le fait cuire avec du bouillon, qu'on ajoute peu à peu, et jusqu'à ce que le sagou, tout à fait dissous, forme une espèce de gelée. On peut, pour le rendre plus nourrissant, y ajouter, au moment de servir, un ou deux jaunes d'œufs.

SAGOU AU LAIT. Lavez à l'eau bouillante, faites cuire avec du lait auquel vous ajouterez un morceau de cannelle ; en servant sucrez suffisamment. Si la cannelle ne convient pas, on aromatise avec la fleur d'orange au moment de servir.

SAGOU AU VIN. Après avoir lavé le sagou à l'eau bouillante, on le fait dissoudre dans l'eau. Lorsqu'il est bien fondu, ajoutez autant de bon vin blanc que vous avez mis d'eau ; sucrez, faites faire quelques bouillons, et au moment de servir mettez quelques jaunes d'œufs.

Vous pouvez aromatiser avec l'écorce de citrons ou la canelle, ou avec l'eau de fleur d'orange. Les deux premières substances se mettent avec l'eau dans laquelle on fait dissoudre le Sagou ; la fleur d'orange, avec les jaunes d'œufs.

SALEP. Le salep est fait avec la racine d'une espèce d'orchis, qu'on pulvérise après l'avoir fait dessécher. Sa préparation, pour l'usage des malades et des convalescents, ne présente aucune difficulté. Au gras, au lait ou à l'eau, il ne s'agit toujours que d'en faire dissoudre une petite quantité (ordinairement une cuillerée à café) dans le liquide indiqué et bouillant. On aromatise suivant la prescription du médecin.

T

TISANES. Les tisanes dans lesquelles il entre des racines, des feuilles, des graines, se font ordinairement par décoction, c'est-à-dire qu'on les fait bouillir dans l'eau ; celles où il n'entre que des feuilles ou des fleurs, se font presque toujours par infusion, en versant de l'eau bouillante dessus, à moins que le médecin ne l'ordonne autrement. Quand une tisane est composée de substances dont les unes doivent être préparées par décoction et les autres par infusion, on fait d'abord bouillir les premières avec la quantité d'eau suffisante, et quand elles ont assez bouilli, on jette le tout sur les secondes ; on laisse infuser pendant un quart-d'heure, et on passe à travers un linge.

Voici, comme exemple, la manière de faire une tisane fort simple, qui est agréable et rafraîchit sans fatiguer l'estomac.

Prenez la moitié d'un paquet de chiendent ; épluchez, coupez en petits morceaux, et mettez bouillir avec une pinte d'eau pendant une demi-heure. Ajoutez alors un morceau de réglisse fraîche, gros comme le doigt et long de six pouces, après l'avoir ratissé, coupé et écrasé ; faites faire quelques bouillons et jetez le tout sur cinq ou six feuilles de chicorée sauvage hachées grossièrement. Laissez infuser pendant un quart-d'heure, et passez dans un linge.

Imp. de Pollet et Comp. rue Saint-Denis, 380. (VERT).

www.ingramcontent.com/pod-product-compliance
Lightning Source LLC
LaVergne TN
LVHW021704080426
835510LV00011B/1583